과학의 눈으로 본 신학

A Scientific Theology

현 우 식

부모님께 이 책을 바칩니다.

과학의 눈으로 본 신학

A Scientific Theology

현우식 지음

연세대학교 대학출판문화원

과학의 눈으로 본 신학
A Scientific Theology

2021년 8월 27일 1판 1쇄

지은이 현우식
펴낸곳 연세대학교 대학출판문화원
주소 서울특별시 서대문구 연세로 50
등록 1955년 10월 13일(제9-60호)
전화 02) 2123-3378~80
팩스 02) 2123-8673
전자우편 ysup@yonsei.ac.kr
홈페이지 http://press.yonsei.ac.kr
인쇄 네오프린텍(주)

ISBN 978-89-6850-601-7(93200)

값 14,000원

CONTENTS

차 례

0. 알파, 과학 신학이란 무엇인가? ······ 7
텍스트와 컨텍스트 사이의 변환 ······ 9
텍스트와 컨텍스트의 커뮤니케이션 ······ 12
텍스트와 컨텍스트의 네트워크 ······ 14
과학 신학의 전제 ······ 22
메타 학문으로서의 과학 신학 ······ 26

I 고대의 과학 신학

1. 신의 정보, 성서의 과학 신학 ······ 31
메타 정보로서의 지식 ······ 32
메타 지식으로서의 지혜 ······ 35
정보와 언어 ······ 37

2. 신의 로고스, 요한의 과학 신학 ······ 41
정보로서의 로고스 ······ 41
부분과 전체가 하나인 로고스 ······ 47
요한의 정보와 논리 ······ 52

3. 신의 천문, 마태의 과학 신학 ······ 53
동방 박사의 별 ······ 53
엔 테 아나톨레 ······ 56
프로에겐, 에스타테 ······ 60
새로운 해석과 새로운 번역 ······ 64

CONTENTS

차 례

II 중세의 과학 신학

4. 신의 창조와 진화, 아우구스티누스의 과학 신학 ··· 69
   동시 창조와 연속 창조 ··· 69
   창조와 진화 사이 ··· 79
   창조와 진화의 과학 신학 ··· 85
5. 신의 극대, 안셀무스의 과학 신학 ··· 88
   안셀무스가 정의한 신 ··· 88
   극대성의 새로운 의미 ··· 93
   최대에서 극대로 ··· 95

III 르네상스의 과학 신학

6. 신의 혁명, 코페르니쿠스의 과학 신학 ··· 101
   코페르니쿠스의 과학 혁명 ··· 102
   과학 혁명과 종교 개혁 ··· 111
   혁명의 성직 ··· 117
7. 신의 조화, 케플러의 과학 신학 ··· 119
   케플러의 우주론 ··· 121
   케플러의 삼위일체론 ··· 126
   기하학, 신학, 측정의 조화 ··· 130
8. 신의 시간과 공간, 갈릴레오와 뉴턴의 과학 신학 ··· 132
   갈릴레오의 과학 신학 ··· 132
   뉴턴의 과학 신학 ··· 140
   시간, 공간, 그리고 시공간 ··· 146

Ⅳ 근현대의 과학 신학

9. 신의 무한, 칸토르의 과학 신학 151

초한과 절대 무한 152

칸토르와 로마 가톨릭 추기경의 토론 164

칸토르의 새로운 메시지 170

10. 신의 존재, 괴델의 과학 신학 172

괴델의 정의 174

괴델의 공리 176

괴델의 증명 178

새로운 증명의 의미 181

11. 신의 이중성, 과학 신학의 새로운 경험 184

그리스도와 빛의 이중성 185

이중성을 증명한 양자 이론 187

심오한 진리 190

12. 오메가, 과학 신학과 그 가는 길 191

현대 과학의 눈으로 보는 과학 신학의 행로 192

세계관의 혁명적 변화 193

한계에 대한 과학적 깨달음 195

현대 신학의 눈으로 보는 과학 신학의 행로 198

메타 학문으로서의 과학 신학을 향하여 201

주석 203

추천 도서 209

0

알파, 과학 신학이란 무엇인가?

과학 신학? 이런 학문도 있나요? 새로 생긴 전공인가요? 누가 이런 복잡한 것을 공부하나요? 과학 신학이란 무엇인가요?

과학 신학은 텍스트(Text)와 컨텍스트(Context)의 관계를 인지하면서 시작됩니다. 과학 신학의 정의를 다루기 위해서는 과학 신학의 텍스트와 컨텍스트의 관계를 먼저 규명하고, 그 다음 바람직한 과학 신학의 모델을 모색해 보는 것이 필요할 것 같습니다.

과학 신학은 신의 활동을 증언하는 성서가 어떻게 다양한 삶의 현장에서 실현되었는지의 과정과 양상을 추적합니다. 여기서 텍스트는 성서를 말하고 컨텍스트는 텍스트와 특정한 관계가 설정된 환경을 말합니다. 말하자면 성서와 일정한 관계가 성립된 사회(societies)나 문화(cultures)는 모두 컨텍스트에 포함됩니다. 그러므로 컨텍스트는 문화와 사회와 역사 전반을 총체적으로 포함하는 것으로 보는 것이 타당합니다. 달리 말하면 컨텍스트는 과학 신학이 해석하는 모든 시공간의 요소를 포함하는 문화적 정황의 전체 영역을 의미하지요. 이러한 관점에서 과학 신학은 넓은 의미에서 과학 신학과 관련된 텍스트와 그 텍스트를 산출하고 읽는 대상자들의 컨텍스트, 곧 두 범주 사이에서 구축되는 특정한 관계 혹은 상호작용이라고 정의할 수 있습니다.

현재 우리의 컨텍스트는 매우 복합적입니다. 이른바 모더니즘과 포스트모더니즘의 특성이 혼재된 상황에 있다고 하지요. 이러한 문화 사조는 사실상 과학의 발전과도 깊이 관련되어 있습니다. 모더니즘이 19세기까지의 고전 과학의 세계관이 반영된 결과라면 포스트모더니즘은 20세기 현대 과학의 세계관이 반영된 결과입니다. 여기서 고전 과학의 특성은 절대 시간과 절대 공간, 결정론(determinism), 기계론(mechanism), 환원론(reductionism), 하향식 인과율(top-down causation), 이가 논리(2-valued logic)로 설명될 수 있지만, 상대성이론과 양자 이론으로 대표되는 현대 과학의 특성은 상대적 시공간 연속체, 비결정론, 반기계론, 비환원론, 상향식 인과율(bottom-up causation), 다가 논리(multi-valued logic)로 설명될 수 있습니다. 한 눈에 봐도 상당히 다르게 보이지요.

고전 과학의 영향으로 형성된 모더니즘은 합리성을 추구했습니다만, 현대 과학의 영향으로 형성된 포스트모더니즘은 고정된 합리성의 탈피를 주장했다고 봐야 합니다. 20세기의 중심에서 그 위상을 드높인 과학기술의 발달은 사회와 문화 전반에 큰 변혁을 가져왔습니다. 컴퓨터의 개발과 인터넷의 발달로 인류는 자연에 없는 사이버공간을 소유하게 되었고 사이버문화를 창출하게 되었지요. 이는 역사상 전례가 없는 새로운 컨텍스트입니다. 그래서 현재의 과학기술은 인지과학기술(Cogno), 나노과학기술(Nano), 생명과학기술(Bio), 정보과학기술(Info)을 축으로 하는 새로운 수렴의 융합과학기술(Converging Technology)이 된 것입니다. 여기에 미학적 상상력을 다루는 데지그노(Designo)가 더해진 창조적 상상력이 갈수록 중시될 것입니다. 이렇게 새로운 과학기술을 바탕으로 한 창의적 융합이 이루어지는 새로운 컨텍스트가 바로 현재의 과학 신학이 관심을 가지고 분석해야 할 필수적 컨텍스트라고 할 수 있습니다.

텍스트와 컨텍스트 사이의 변환

성서의 창세기 1장 1절의 선언은 다음과 같은 사건에 대한 정보를 제공하고 있습니다.

$$\text{신} \xrightarrow{\text{창조}} \text{세계}$$

여기서 신과 세상은 '대상'입니다. 그리고 신과 세상의 관계는 '창조'입니다. 달리 말하면 창조는 신으로부터 세상으로의 컨텍스트화(contextualization)라는 변환으로 봐야 합니다.

이 [창조 사건]을 변환하여 텍스트로 만들면 다음과 같이 도식화됩니다.

$$[\text{신} \xrightarrow{\text{창조}} \text{세계}] \xrightarrow{\text{텍스트화}} \text{창세기}(1:1)$$

여기서 창세기 텍스트로부터 독자의 컨텍스트로 변환하면 다음과 같습니다.

$$\text{창세기}(1:1) \xrightarrow{\text{컨텍스트화}} \text{컨텍스트}$$

바로 이러한 작업은 우리가 고전을 주석(exegesis)하는 작업에서도 적용됩니다. 여기서 컨텍스트는 '신이 세계를 창조했다'라는 텍스트의 '의미'를 해석하고 현실에 적용한 상태의 집합입니다. 컨텍스트는 창세기 기록 당시의 컨텍스트로부터 현재 독자의 컨텍스트까지 다양하지요. 그러므로 각 시대, 사회, 문화 등에 따라서 해석이 다양한 것은 지극히 당연한 이치입니다.

과학 신학의 정체성은 그 과학 신학이 감당하고 있는 텍스트화와 컨텍스트화의 관계 설정에 따라서 그 성격이 규정되고 구분됩니다. 과학 신학은 텍스트와 분리될 수 없고 동시에 컨텍스트와도 분리될 수도 없지요. 과학 신학은 사건을 텍스트화할 뿐만 아니라 컨텍스트화하는 공유 작업입니다. 특히 역사적 관점에서 보면 과학 신학은 주어진 같은 텍스트를 가지고 있으면서 각각의 역사적 컨텍스트에 맞도록 다양하게 적용할 수 있는 역할을 담당하였습니다.

컨텍스트화(contextualization) c는 텍스트의 요소와 컨텍스트의 요소를 연결하는 작업입니다.

$$\text{텍스트} \xrightarrow{c} \text{컨텍스트}$$

여기서 컨텍스트화는 일종의 변환(transformation)으로 이해하면 됩니다. 컨텍스트화의 이미지는 텍스트의 요소가 컨텍스트화라는 관계를 통해서 컨텍스트의 적당한 요소와 짝을 이룰 수 있는 것들입니다. 그러나 컨텍스트의 모든 요소가 텍스트의 요소와 적절한 대응을 이루어 짝을 이루는 것은 아닙니다. 예를 들어, 성서라는 텍스트의 사랑 *love*라는 요소가 어떤 상황 속에서 잘 대응되어 구현된 경우를 $c(love)$라고 하면, $c(love)$는 컨텍스트화의 이미지에 포함되지요. 그러나 성서라는 텍스트의 사랑이라는 요소 *love*가 어떤 상황 속에서 대응되지 못한 경우에는 컨텍스트의 이미지에 포함될 수가 없는 것입니다. 말하자면 텍스트의 어떤 요소가 컨텍스트에서 구현되는 경우에는 컨텍스트화 c의 이미지에 포함되지만, 구현되지 못한 요소들은 컨텍스트화의 이미지가 아니지요. 그러므로 컨텍스트 속에는 텍스트(성서)로부터 구현된 사랑도 있지만, 텍스트(성서)와 무관한 컨텍스트 자체의 사랑도 있을 수 있습니다. 따라서 과학 신학의 초점은 과학 신학의 컨텍스트 자체에 있는 것이 아니라 컨텍스트화 c의 이미지(image)에 있습니다. 만약, 컨텍스트 전체가 텍스트와 대응되어 '컨텍스트'가 '컨텍스트화의 이미지'와 일치되면 과학 신학의 컨텍스트화 작업은 일단락되었다고 보면 됩니다.

다음은 컨텍스트로부터 텍스트로의 변환을 보여줍니다.

$$\text{텍스트} \xleftarrow{c^{-1}} \text{컨텍스트}$$

이것은 컨텍스트화 c의 역변환(inverse transformation) c^{-1}입니다. 여기서 출발점은 컨텍스트이고 도착점은 성서라는 텍스트가 될 수 있습니다. 예를 들어 현실의 문제를 성서의 문제에 대응시키는 작업은 역컨텍스트화(inverse contextualization) c^{-1}의 대표적인 사례입니다. 성서로부터 상황으로 가는 모든 대응이 완성되고, 역으로 상황으로부터 성서로 가는 모든 대응이 완성될 때, 성서와 상황, 즉 텍스트와 컨텍스트는 논리적으로 같다고 볼 수 있습니다. 매우 이상적인 경우입니다. 왜냐하면, 이것은 일정한 성서의 말씀과 일정한 상황 속에서 이루어진 사건이 어긋남이 없이 모두 일치하는 경우에 해당하기 때문입니다.

컨텍스트화 c가 과학 신학의 사명이라면 역컨텍스트화 c^{-1}도 역시 과학 신학의 사명입니다. c는 과학 신학의 피드포워드(feedforward) 작업인 반면, c^{-1}은 과학 신학의 피드백(feedback) 작업입니다. 물론 여기서 과학 신학이 컨텍스트에만 의존할 필요는 없지만, 과학 신학은 주어진 컨텍스트에 대한 충분한 이해를 하고 있어야 합니다. 왜냐하면, 과학 신학은 텍스트로부터 시작하여 컨텍스트 속에서 실현되는 시스템으로 구축되어야하기 때문이지요. 이것은 사실 과학 신학이 텍스트와 컨텍스트의 관계(Product of Text and Context)의 부분시스템(subsystem)임을 보여줍니다. 과학 신학이 주어진 컨텍스트를 무시한다는 것은 곧 텍스트를 무시하는 해석을 하는 것입니다. 왜냐하면 과학 신학은 텍스트와 컨텍스트를 동시에 읽고 해석해야 하며 그사이의 상호관계를 읽어내는 작업이기 때문입니다.

텍스트와 컨텍스트의 커뮤니케이션

성서는 한 권의 책이라기보다는 하나의 거대한 도서관과 같습니다. 성서라는 도서관 안에서 신약 성서의 언어를 살펴보면, 특이한 점을 발견할 수 있습니다. 그 당시 예수의 언어는 아람어였지만 예수의 이야기를 전하는 신약 성서의 언어는 그리스어이기 때문입니다. 엄밀히 보자면 신약 성서의 언어는 고전 그리스어(classical Greek)가 아니라 코이네 그리스어(koine Greek)로 불리는 통속 그리스어(common Greek)였습니다. 코이네 그리스어는 그레코-로만(Greco-Roman)시대에 국제적으로 사용되던 공용어였습니다. 말하자면 복음서는 변환된 언어로 기록되었다는 뜻입니다.

이렇게 특이한 문제는 텍스트와 컨텍스트의 관계에서 해답을 찾을 수 있습니다. 당시의 컨텍스트에서 가장 많은 독자를 위한 언어는 아람어가 아니라 통속 그리스어였기 때문이었을 것입니다. 즉 신약 성서의 언어는 화자의 언어가 아니라 독자나 청자들의 언어에 맞추어진 언어입니다. 신약 성서의 언어 변환 속에는 텍스트와 컨텍스트의 소통을 위한 의지와 노력이 전제된 것입니다. 이 과정이 없었다면 신약 성서는 컨텍스트와 소통이 단절된 텍스트로 머물고 말았을지도 모릅니다. 마르틴 루터의 종교 개혁과 성서 번역은 소통이 단절된 상태 속에서 소통을 위한 언어 변환을 잘 보여주는 역사적 사례입니다.

신약 성서라는 텍스트의 양식에는 이미 신의 말씀으로부터 문서를 통하여 현장의 상황에 연결되고 대응되는 변환이 포함되어 있었습니다. 신약 성서 기술과 형성의 초기 과정에서 나타난 이러한 상호작용은 그 후에도 찾아볼 수 있습니다. 예를 들어 4세기 말까지 시리아를 중심으로 동방교회에서 인정했던 복음서의 정경은 디아테싸론(Diatessaron)이었습니다. 이것은 네 복음서의 통일성을 강조하기 위해 2세기 후반 타티안(Tatian)에 의해서 한 권의 시리아어로 편성된 것이었으나 이레나이우스(Irenaeus)와 오리겐(Origen)은 네 개의 복음서의 다양성을 강조하여 네 복음서를 정경으로 사용하였습니다. 복음서가 컨텍스트에 따라 다양한 형태로 편성되어 사용된 것을 잘 보여주는 사례이지요. 이러한 역사적 사례는 단지 과거의 흔적만이 아니라 현재까지 계속 이어져 온 사건들이었으며, 미래에도 생성될 변환 사건입니다.

신약 성서의 텍스트화 작업은 최초의 위대한 과학 신학적 작업이었습니다.

(1) $\text{그리스도의 사건}(Event) \xrightarrow{\text{텍스트화}} \text{문서}(Text)$

(2) $\text{문서}(Text) \xrightarrow{\text{컨텍스트화}} \text{상황}(Context)$

신약 성서와 고대 교회의 역사를 보면 성서와 독자 사이의 관계 중에서 특정한 한 가지 관계의 성격이 모든 시대를 초월하여 유일하게 적용되지 않았습니다. 왜냐하면, 과거와 현재의 시간적 요인들과 공간적 요인들, 말하자면 대상자의 컨텍스트가 서로 달랐기 때문입니다. 그래서 다양한 문서들과 다양한 컨텍스트가 있었습니다. 동시에 중요한 공통적인 논리가 있었는데 그것은 그리스도의 활동에 대한 텍스트화(Textualization) t 작업과 컨텍스트화(Contextualization) c의 작업이 과학 신학의 사명이었다는 것입니다. 과학 신학의 존재 이유는 그리스도의 가르침을 궁극적으로 세계, 즉 상황(context) 속에 구현하는 것에 있었습니다. 그리스도의 사건이 문서로 구현되는 과정과 텍스트를 통하여 컨텍스트에 구현되는 과정 모두가 신성한 변환이었습니다.

텍스트와 컨텍스트의 네트워크

사건, 텍스트, 컨텍스트 사이의 관계는 다양하게 나타납니다. 이러한 관계에 대한 모델을 오늘날의 과학적 용어로 표현하면 과학 신학은 관계의 망으로 구성되는 네트워크(network)입니다. 말하자면 사건과 과학 신학은 네트워크의 관계 속에 있고 하나의 네트워크로 작동하는 것이지요. 네트워크는 기본적으로 대상들(objects)과 연결 관계(connections)로 구성됩니다. 예를 들어 뇌는 뉴런과 시냅스로 구성되는 네트워크인데, 여기서 뇌라는 네트워크는 화학적이고 물리적인 커뮤니케이션(communication)을 통해서 활성화(activation)되고 정말 놀랍고 신비로운 각종 정신작용을 일으킵니다.

과학 신학이 그리스도 사건과 연결된 네트워크로서 존재한다면 '그리스도 안에서', '그리스도와 함께', '그리스도를 통하여'라는 표현은 네트워크 이론상 참으로 멋진 과학 신학적 표현이 아닐 수 없습니다. 전역적 관점(global perspective)에서 네트워크로서의 과학 신학은 단일하며 보편적입니다. 반면 지역적 관점(local perspective)에서 네트워크로서의 과학 신학은 다양한 과학 신학들의 연결이며 커뮤니케이션에 의해서 서로 활성화되고 새로운 결과를 낼 수 있습니다. 이러한 내용은 다음과 같이 도식화하여 표현할 수 있습니다.

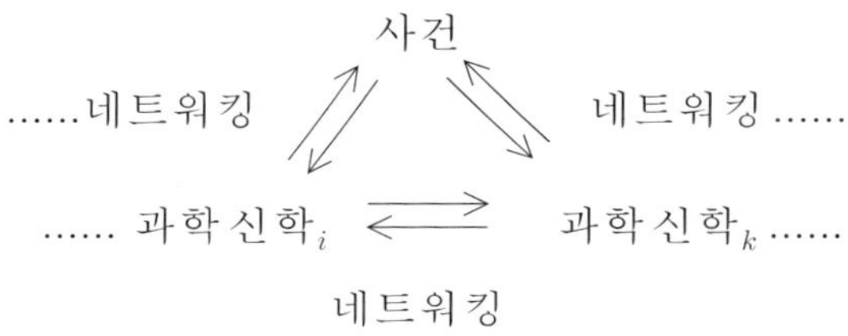

그러므로 과학 신학은 하나의 시스템으로서 다음과 같이 정의되는데,

$$\text{과학신학}_n = < \text{텍스트}_n, \text{컨텍스트}_n, \text{텍스트화}_n, \text{컨텍스트화}_n >$$

여기서 텍스트와 컨텍스트는 대상들을 표시하고 컨텍스트화는 텍스트와 컨텍스트 사이의 변환(transformation)을 의미합니다. 아래 첨자 n은 다양한 경우의 수를 포함할 수 있다는 뜻입니다. 과학 신학의 컨텍스트를 살펴보기 위해서는 우선 과학과 신학의 차이점과 공통점을 살펴보는 작업이 필요할 것 같습니다.

과학과 신학이 다른 면은 무엇인가?

- 과학은 인간과 자연의 관계에 중점을 두고 집중하지만, 신학은 인간과 신의 관계에 중점을 두고 집중합니다.

- 과학의 연구 대상에는 측정 가능한(measurable) 대상이 전제되지만, 신학의 연구 대상에는 그 이외의 연구 대상이 포함될 수 있습니다.
- 과학의 연구 대상에는 재현 가능한(reproducible) 대상이 전제되지만, 신학의 연구 대상에는 그 이외의 연구 대상이 포함될 수 있습니다.
- 과학의 연구 대상에는 예측 가능한(predictable) 대상이 전제되지만, 신학의 연구 대상에는 그 이외의 연구 대상이 포함될 수 있습니다.
- 과학의 기본 언어는 객관적 표현을 하는 수학 언어이지만, 신학의 기본 언어는 주관적 표현을 하는 고백 언어를 포함할 수 있습니다.

과학과 신학이 유사한 면은 무엇인가?

- 과학과 신학은 진리를 탐구하는 시스템이며, 진리를 찾아가는 질의와 응답의 과정입니다.
- 과학과 신학은 자유를 전제로 구성됩니다. 진리를 추구하기 위해서는 연구의 자유가 보장되어야 합니다. 왜냐하면, 과학과 신학의 활동은 미지의 세계를 경험하고 사유하는 자유로운 접근이기 때문입니다. 그래서 진정한 과학자와 신학자는 그 누구도 가보지 않은 길을 가야 하는 사명감을 느끼고 있어야 합니다.
- 과학과 신학은 작업에 대한 신념을 전제로 전개됩니다. 과학에서는 먼저 '작업가설(operational hypothesis)이 있는데, 이 작업가설을 신뢰할 때에만 과학의 작업을 중단 없이 진행할 수 있습니다. 신학에서도 먼저 믿어야 하는 내용이 있는데, 믿는 내용을 신뢰할 때에만 신학의 작업을 중단 없이 진행할 수 있습니다. 여기서 신념이란 일체의 계산이나 증명 이전의 단계에서의 의지와 실

천을 포함하는 말이지요.

과학과 신학, 이 두 가지 영역 사이에 맺을 수 있는 논리적 관계는 다음의 4가지로 구분될 수 있습니다.

	제1유형	제2유형	제3유형	제4유형
과학	긍정(+)	긍정(+)	부정(-)	부정(-)
종교	긍정(+)	부정(-)	긍정(+)	부정(-)

제1유형은 과학과 신학을 모두 긍정하는 유형입니다. 이 유형에서 과학과 신학은 양립 가능하지요.

제2유형은 과학을 긍정하지만, 신학을 부정하는 유형입니다. 이 유형에서는 과학이 유일한 실재가 되지만 신학의 실재는 부인되지요.

제3유형은 과학을 부정하지만, 신학을 긍정하는 유형입니다. 이 유형에서는 신학이 유일한 실재가 되지만 과학의 실재는 부인되지요.

제4유형은 과학과 신학을 모두 부정하는 유형입니다. 이 유형에서는 인류의 역사와 사회의 발전과정에서 과학과 신학의 역할이 모두 부인되지요.

이상의 네 가지 논리적 가능성을 바탕으로 현재의 우리의 컨텍스트 안에서 과학과 신학 사이의 만남의 현주소를 더욱 세부적으로 분석해 볼 수 있습니다. 가장 빈번하게 언급되고 있는 논의를 소개하면 다음 표와 같습니다.

	제1유형	제2유형	제3유형
과학	긍정(+)	긍정(+)	부정(-)
종교	긍정(+)	부정(-)	긍정(+)
(1) 이안 바버 Ian Barbour	독립 이론 대화 이론 통합 이론	갈등 Conflict	
(2) 존 폴킹혼 John Polkinghorne	공명 이론 동화 이론	갈등 Conflict	
(3) 존 호트 John Haught	분리 이론 접촉 이론 지지 이론	갈등 Conflict	
(4) 알리스터 맥그라스 Alister McGrath	구별 이론 수렴 이론	대결 Confrontation	
(5) 테드 피터스 Ted Peters	두 언어 이론 가설적 공명 윤리적 중첩 뉴에이지 영성	과학주의 과학 제국주의	교회 권위주의 창조과학주의

(1) 이안 바버에 의하면(*When Science Meets Religion*), 과학과 신학의 만남은 4가지 유형, 즉 갈등(conflict), 독립(independence), 대화(dialogue), 통합(integration)으로 분류됩니다. 여기서 제1유형은 독립, 대화, 통합으로 세분되는 것입니다.

(2) 존 폴킹혼에 의하면(*Science and Theology*), 제1유형은 '공명'(consonance)과 '동화'(assimilation)로 세분됩니다.

(3) 존 호트에 의하면(*Science and Religion*), 제1유형은 갈등

(conflict), 분리(contrast), 접촉(contact), 지지(confirmation)로 세분됩니다.

(4) 알리스터 맥그라스에 의하면(*Science and Religion*), 제1유형은 과학과 신학의 수렴모델(convergent models)과 구별모델(distinct models)로 세분됩니다.

(5) 테드 피터스의 분류에 의하면(*Science and Theology: The New Consonance*), 과학과 신학의 관계는 8가지, 1)과학주의(Scientism), 2)과학 제국주의(Scientific Imperialism), 3)교회 권위주의(Ecclesiastical Authoritarianism), 4)창조과학주의(Scientific Creationism), 5)두 언어 이론(the Two-Language Theory), 6)가설적 공명(Hypothetical Consonance), 7)윤리적 중첩(Ethical Overlap), 8)뉴에이지 영성(New Age Spirituality)으로 분류됩니다. 여기서 제1유형은 두 언어 이론, 가설적 공명, 윤리적 중첩, 뉴에이지 영성으로 세분됩니다.

이제, 우리 사회가 보여주는 과학과 그리스도교의 만남의 유형을 간략하게 살펴보겠습니다. 학교에서 과학교육을 받은 젊은 지성인들의 눈에는 (i)상식으로서의 과학을 부정하는 그리스도교의 이미지와 (ii)상식으로서의 과학을 인정하는 그리스도교의 이미지가 대조적으로 구별되어 있습니다. 말하자면 (i)현대 과학의 업적을 상식으로 인정하지 않고 과학과의 갈등과 충돌도 마다하지 않는 그리스도교 세력이 있는 반면, (ii)현대 과학의 업적을 상식으로 인정하고 과학과의 대화와 상호보완을 모색하려는 그리스도교 세력이 있다는 것이지요. 과학과 신학의 상호작용에 관심이 있는 그리스도교인이라면, (i)에 소속되거나, (ii)에 소속되거나, 아니면 (i)과 (ii)사이에서 사안에 따라 부분적 견해를 가진 상태에 소속되어 있습니다.

현대 과학의 양자 이론에 대한 교육을 받거나 양자 이론(quantum theory)에 대한 식견을 가진 그리스도교인이라면, 적어도 다음과 같은 세 가지 견해 사이에서 진지하게 숙고하고 있는 것으로 봐야 합니다.

(A) 신은 이 세계의 모든 질서를 결정하여 창조하였다. 미래는 모두 결정되어 있고 그대로 실현된다. 불확정성이나 비결정성이라는 것은 제거해야 할 대상일 뿐이며 기적은 신의 특별한 개입으로 설명하면 된다.

(B) 신이 창조한 이 세계 질서의 실재성은 보장될 수 없다. 세계의 결정이나 비결정은 의미가 없다. 오히려 이 세계는 인간이 관찰하기 전까지는 결코 결정될 수 없으며, 관찰한다고 해도 어떤 대상의 실재를 아는 것을 의미하지 않는다. 미래의 결정 여부 자체가 중요하지 않으며 불확정성이나 비결정성도 실재와는 무관하게 관찰과 관련된 문제일 뿐이다.

(C) 신은 결정되지 않은 질서의 세계를 창조하였다. 그러므로 미래는 실현되기 전까지는 결정되지 아니한 가능성의 상태로 유지되며 그것으로부터 언제나 새로운 사건이 가능하다. 이 세계의 불확정성이나 비결정성은 제거의 대상이 아니라 신의 깊은 뜻이 담긴 창조의 작품이며 기적을 설명하기 위해서 신의 특별한 개입이라는 개념이 꼭 필요하지 않다.

이러한 지성들의 고민에 대하여 과학 신학자는 무엇을 제시하고 말할 수 있을지를 고민합니다. 다행히 신학과 과학의 건설적 대화와 공동연구를 보여주는 사례를 찾아볼 수 있습니다. 예를 들어 신학과 자연과학 연구센터(the Center for Theology and The Natural Science)와 바티칸 천문연구소(the Vatican Observatory)의 공동 후원으로 이루어진 '신의 활동에 관한 과학적 전망들(Scientific Perspectives on Divine Action)'을 다루는 공동 연구와 학술 회의는 그 좋은 사례입니다. 각 분야를 주도하는 저명한 과학자들과 신학자들이 이 모임에 참여했는데 연구 주제들을 소개하면 다음과 같습니다.

- 양자우주론과 자연법칙(Quantum Cosmology and the Laws of Nature)
- 카오스와 복잡성(Chaos and Complexity)
- 진화생물학과 분자생물학(Evolutionary and Molecular Biology)
- 신경과학과 인간(Neuroscience and the Person)
- 양자역학(Quantum Mechanics)

이러한 주제 아래에 이루어진 다각적인 세부 연구 결과들은 현대의 과학과 현대의 신학이 상식적인 수준을 넘어 전문적인 수준에서 시도하고 있는 상호작용의 긍정적 모델을 보여줍니다. 과학이 묻고 신학이 답할 때, 신학이 묻고 과학이 답할 때, 과학과 신학은 서로를 통해서 배우고 또한 스스로 배울 수 있음을 깨달았지요.

앞에서 과학 신학은 텍스트와 컨텍스트의 네트워크라고 했습니다. 옛것과 새것이 모두 네트워킹의 대상이 될 수 있습니다. 무조건 양자택일의 대상이 되는 것이 아니지요. 왜냐하면, 네트워크는 단절의 구조가 아니라 연결의 구조이기 때문입니다. 네트워크 안에는 오래된 것과 새로운 것뿐만 아니라 약한 부분과 강한 부분이 모두 연결되어 있습니다. 달리 말하면 다양한 상태의 대상들이 모두 연결된 시스템입니다. 네트워크는 대상들을 연결하고 그사이의 연결 강도를 조정할 수 있는 시스템이므로 네트워크로서의 과학 신학은 다양한 요소들을 상대로 그 연결 강도를 조정하는 시스템입니다. 요컨대 (1) 컨텍스트와 텍스트의 연결과 (2) 현대 과학과 현대 신학의 연결을 위한 필요충분 조건이 바로 네트워크로서의 과학 신학입니다.

우리의 컨텍스트 속에서 과학과 신학의 만남은 불가피해 보이지만, 만남 그 자체보다는 어떤 네트워크를 형성할 것인가가 더 중요합니다. 진일보하여 과학과 신학의 바람직한 네트워크로서 과학 신학은 인간의 생명과 자유를 제한하거나 인간을 기만하는 일을 철저하게 방지하는 시스템이 되는 동시에 각 부분의 한계를 성찰하는 계기로 작동되어야 할 것입니다.

과학 신학의 전제

과학 영역 내에서 문제가 제기되었으나 아직 과학 영역 내에서는 해결되기 어려운 문제들이 있습니다. 이를 "한계 질문(limit-question)"이라고 부릅니다. 한계 질문은 과학 외부에서 제기된 질문이 전혀 아닙니다. 예를 들면 '왜 우주의 법칙에는 수학적으로 아름다운 질서가 있는가?' '왜 우주는 이해 가능한가?' '시간은 실재하는가?' '우주는 무한한가?' '우주는 어떻게 시작되었는가?' 특히 생명의 기원과 관련된 문제들도 과학의 한계 질문에 포함됩니다. 우리가 과학의 경계선상에 있는 이러한 물음에 접근할 때, 과학과 신학이 상대방을 통해서 배울 수는 없을까요?

창발적 속성

양자 이론 이후의 현대 과학은 일정한 계획이나 법칙을 전제하지 않고 독립적인 수준들 사이에서 일어나는 창발적 사건의 발생을 인정합니다. 여기서 그런 사건이 발생하는 속성을 창발적 속성(emergent property)이라 부르는데 과학의 시스템 혹은 자연의 시스템을 물리 세계(Level 1), 생물 세계(Level 2), 행동세계(Level 3), 문화 세계(Level 4)의 계층(level)으로 구분하고 각 계층과 계층 사이에서 일어나는 사건에 적용하는 개념입니다. 예를 들어 뇌(brain)가 좋은 사례입니다. 뇌를 소유한 동물은 많지요. 대부분 동물은 물리 세계의 계층, 생물 세계의 계층, 행동세계의 계층을 공유합니다. 그러나 의식 또는 고도의 지능을 전제하는 문화 세계라는 계층은 인간에게만 적용할 수 있습니다. 인간의 뇌는 1000억 개 이상의 신경세포 뉴런과 뉴런 한 개에 10000개 이상의 시냅스 연결로 구성되어 있고, 과학적으로는 뉴런 수준, 분자 수준에 대한 물리학적 규명과 생물학적 규명이 충분합니다. 그러나 인간의 뇌로부터 나타난 지능(intelligence)을 명확히 규명하지 못하지요. 이러한 현상을 창발이라고 합니다.

여기서 과학적으로 지능을 설명하기 위해서는 각 계층의 설명이 모두 필요합니다. 말하자면 네 개의 계층 내에서 설명이 성립되어야 하지요. 그러나 계층과 계층 사이에 일어나는 사건은 아직 설명하지 못하는 부분이 있기 때문에 계층과 계층 사이의 인과관계를 명확히 규명할 수가 없는 것입니다. 뇌의 세포를 이해해도 그것이 곧 뇌의 지능을 이해할 수 있다는 것은 아닙니다. 일정한 하위계층에서는 설명이 불가능 가능하더라도 그것의 상위계층에서는 설명될 수 있는 사건이 있습니다. 즉 새로 나타난 사건에 대해서 계층 사이의 원인과 결과 관계를 과학적으로 규명해 내지 못한 경우가 발생합니다. 이런 사건을 우리는 '창발적 사건'(emergence)이라고 부르면 됩니다. 예를 들어 생명의 탄생이나 지능의 탄생은 우주의 가장 대표적인 창발적 사건입니다. 달리 말하면 발생한 사건의 부분과 전체 차원에 대한 과학적인 정보를 각각 가지고 있으나, 전체와 부분, 혹은 계층과 계층 사이의 인과관계를 과학적으로 다 파악할 수 없는 사건을 창발적 사건이라

합니다.

그러므로 창발이란 주제는 인과론(causation)과 결정론(determinism)을 넘어 논의해야 하는 새로운 주제입니다. 이러한 주제를 다루기 위해서는 과학과 신학의 창의적 상상력이 필요합니다. 왜냐하면, 물리적 기반뿐 아니라 메타 물리적 기반 혹은 형이상학적 기반까지 연결할 수 있어야하기 때문입니다. 그래서 창발의 문제는 과학 신학에서 다루기에 적합한 주제입니다.

발연적 사건

'발연(發然)'이란 필연도 아니고 우연도 아닌 어떤 상태를 말합니다. 수학과 논리학에서 발연적 사건이라고 하면 필연적이지 않으며 동시에 불가능하지도 않은 사건으로 정의됩니다. 흔히 컨틴전트(contingent)를 '우연'이나 '우발'이라고 번역하기도 합니다만, 그러면 오해될 소지가 많습니다. 발연은 사실상 우연이나 우발을 부인하는 개념이기 때문입니다. 발연은 필연을 부정하면서 동시에 불가능성을 부정하는 개념입니다. 말하자면 필연적이라고 할 수는 없지만 가능한 경우를 두고 발연이라고 하는 것이지요.

현대 우주론에서는 확률적으로 거의 불가능에 가까운 사건들의 연속되는 과정을 두고 '필연 대 우연'의 논쟁을 벌이지 않습니다. 흔히 고전 과학의 논리를 사용할 때 유신론과 필연성을 관련지어 생각했고, 무신론과 우연성을 관련지어 생각했었습니다. 그러나 더는 이러한 논리적 구분은 유효하지 않습니다. 왜냐하면 현대 우주론자들은 필연과 우연의 경직된 이분법을 넘어서 발연성을 논하기 때문입니다. 현대 우주론에 의하면 우주는 단지 필연의 결과도 단지 우연의 결과도 아닙니다. 현재의 우주가 필연적 결과라고 할 수는 없지만 어떤 가능성이 실현된 결과로 해석되기 때문입니다.

신의 섭리를 설명하는 이론을 신정론(theodicy)이라고 합니다. 가장 어려운 신학적 주제입니다. 예를 들어 왜 의인에게 부당하게 고통스러운 일이 일어나야만 하는가? 그것은 정말 신의 뜻인가? 이러한 문제에 대한 해답을 찾기 위해 고전적 신학자들은 신의 뜻을 필연으로 볼 것인가 아니면 우연으로 볼 것인가의 논쟁 사이에서 그 해답을 찾아야 했습니다. 그러나 현대의 과학 신학자들은 발연의 관점에서 신정론에 새롭게 접근할 수가 있습니다. 발연은 필연의 부정 명제도 아니고, 우연의 부정 명제도 아니므로 악과 불행의 문제와 신의 관련성을 폭넓게 다룰 수가 있습니다. 여기서 발연성을 허락한 신이라면 그는 우연과 필연의 굴레로부터 자유롭습니다. 예를 들면 구약 성서에 나오는 욥이라는 의인이 당한 고난은 필연이 아니지만 불가능하지 않은 사건으로 해석할 수 있습니다. 여기서 신의 뜻은 필연적 연관성을 가질 필요가 없으며 우연적 연관성을 가질 필요도 없지요.

발연의 관점으로 보면 신은 이 우주를 일종의 기계로 만들지 않았으며 놀라운 가능성을 가진 우주를 창조함으로써 자연에 자유와 자율성과 독립성을 보장한 것입니다. 말하자면 다양한 피조물들이 스스로 변화할 수 있고 다양한 가능성을 실현할 수 있도록 창조된 것이지요. 그러므로 발연성을 소유한 우주 내에서는 그리스도교의 연속창조론과 현대 과학의 과학적 진화론은 타당하며 양립할 수 있습니다. 발연성은 참/거짓 두 가지 가치 외에 '결정 불가능'이란 제3의 가치를 허용하는 양자 이론의 논리와 직결된다는 점에서도 상당한 의미가 있습니다.

메타 이론

최근의 우주론에 의하면 현대 과학이 담당할 수 있는 지적 영역은 우주의 4% 내에 불과합니다. 나머지 96%에 해당하는 우주의 영역은 암흑 에너지와 암흑 물질이라는 이름만 가지고 있을 뿐 그 실체에 대하여 거의 알지 못합니다. 96%의 우주는 지적 영역의 외부에 있는 것입니다. 엄밀하게 말하자면 지와 무지의 구별조차도 할 수 없는 영역이라고 하는 것이 정확하지요. 찬란한 과학적 발전의 결과물은 4%와 관련된 것일 뿐이고 그 부분에 대한 지식도 불확정성을 반영하고 있는 확률적 지식일 뿐이라는 것이 바로 그 메시지입니다. 이것이 우주에 대한 과학적 지식의 현주소이지요.

다른 한편으로 인간은 우주를 인지한 최초의 존재임이 증명되었습니다. 이 점이 증명된 것에 큰 의미가 있습니다. 현대 과학 신학에서는 지식의 확장뿐만 아니라 지식의 한계를 중요한 지식으로 생각해야 합니다. 과학이 과학 자체를 다루는 이론을 과학에 대한 메타 이론이라고 합니다. 과학의 한계를 증명하는 과학적 이론은 과학에 대한 메타 이론입니다. 예를 들어 양자물리학에서 하이젠베르크의 '불확정성 원리'(uncertainty principle)는 운동량과 위치에 대한 정확한 정보를 동시에 확보할 수 없음을 보인 물리학에 대한 메타 이론입니다. 현대 수학에서 괴델의 '불완전성 정리'(incompleteness theorems)는 현대 수학의 한계를 보여주는 메타 이론입니다. 이러한 메타 이론은 자체 학문 시스템에 대한 한계성을 인지하고 성찰하는 각고의 노력을 통하여 성립될 수 있습니다.

메타 학문으로서의 과학 신학

지금까지 과학 신학이 무엇인지 그리고 무엇이 과학 신학을 구성하는지 살펴보았습니다. 텍스트와 컨텍스트의 함수 관계 혹은 변환을 통하여 과학 신학을 정의했고 네트워크의 모델을 통하여 과학 신학의 그 역할과 의미를 살펴보았습니다. 새로운 과학 신학의 모델 구축은 새로운 컨텍스트화와 역컨텍스트화를 설정하고 실현하는 방법에 달려 있습니다. 그러므로 과학 신학은 언제나 컨텍스트화와 역컨텍스트화의 새로운 조합을 모색하는 창조적인 실험실이 되어야 할 것입니다.

지금까지 살펴 본 과학 신학을 음악에 비유해 보겠습니다. 음악에서는 텍스트가 악보이고 연주는 이 텍스트 안에 있는 작품을 소리로 변환하여 청중에게 들려주는 것이지요. 여기서 청중에게 전달된 연주 음악은 컨텍스트의 이미지이고 연주는 컨텍스트화 c입니다. 여기에서 c는 오케스트라에 의해서 수행된다고 하겠습니다. 이 은유에서 과학 신학의 위상은 오케스트라와도 같습니다. 연주는 과학 신학의 연구 작업에 해당하겠지요. 최상의 연주를 위하여 다양한 악기들의 소리를 잘 조화시키는 편성(orchestration)과 지휘는 과학 신학의 준비 작업에 포함됩니다. 그렇다면 부분적으로 최상의 연주를 했다고 해서 전체적으로 최상의 연주가 보장되는 것은 아닐 것입니다. 전체 조화를 위해서는 빠르기와 리듬 등 고려해야 할 부분이 많이 있을 것입니다. 다양한 악기가 배출하는 음정들이 전체적인 조화를 이루기 위해서는 특별히 다른 차원의 노력이 필요할 것입니다. 좋은 악기편성법도 필요합니다. 그래서 주어진 음악에 잘 대응되어야 하고 악기에 적절한 편성에 의해서 조화가 있는 연주가 수행되어야 합니다. 만약 관객을 무시하고 연주하는 오케스트라 혹은 관객만을 위해 원곡을 무시하고 연주하는 오케스트라를 원하지 않듯이 일방적으로 텍스트를 무시하는 과학 신학 혹은 일방적으로 컨텍스트를 무시하는 과학 신학을 원하지 않습니다.

마치 연주자가 자신이 해석한 대로 곡을 연주하는 것처럼 그런 정도의 충분한 자유가 과학 신학자에게도 보장되어 있습니다. 훌륭한 연주를 수행하기 위해서는 지휘자와 연주자들이 악보를 정확히 볼 줄 알아야 하는 것과 같이 과학 신학자들은 텍스트를 정확히 보고 해석할 수 있어야 하며, 지휘자와 연주자들이 연주되는 소리를 정확히 들을 줄 알아야 하는 것과 같이 과학 신학자들은 컨텍스트 속에서 수행되는 텍스트의 메시지를 정확히 들을 수 있어야 합니다.

새로움은 변화를 통해서만 옵니다. 그런데 변화란 현재의 상태를 유지하려는 힘과 현재의 상태를 유지하지 않으려는 힘의 균형이 깨어지는 사건이지요. 그러므로 변화를 위해서는 현재를 유지하려는 힘과 동시에 현재를 넘어서려는 힘이 함께 필요합니다. 새로움의 필요조건은 전통과 개혁을 포함합니다. 전통 없는 개혁이나 개혁 없는 전통은 진정한 새로움과는 무관하지요. 새로운 과학 신학을 만들어 가기 위해서는 전통과 개혁의 두 범주가 모두 필요하며 더 나아가 전통과 개혁보다 상위의 메타 차원에 상응하는 변환을 만들어야 할 것입니다.

I

고대의 과학 신화

1

신의 정보, 성서의 과학 신학

신은 정보를 처리하는 활동으로 세상을 창조했습니다.

> 믿음으로 우리는 세상이 하나님의 '레마'로 지어졌다는 것을 깨닫습니다. 보이는 것은 나타나 있는 것에서 된 것이 아닙니다. (히브리서 11:3)

여기서 그리스어 '레마'는 말씀으로 번역되었는데, 신이 말씀하신 정보입니다. 우주는 신의 정보에 의해서 창조되었고, 신은 정보를 처리하는 존재입니다. 그 정보는 보이지 않는 것이었고 보이는 물리 세계 안에 사건으로 실현되었는데 이것이 바로 신의 정보처리의 결과였습니다. 창조의 신은 정보를 처리하는 활동으로 우주를 창조한 것입니다.

정보(information)에 대한 과학적 정의는 20세기의 수학자 섀넌(Claude Shanon)에 의해 1948년에 처음 정립되었습니다. 섀넌은 커뮤니케이션 이론을 수학적으로 정리하는 데 필요한 단위로 정보를 생각했는데, 엔트로피(entropy)의 정의에서 정보의 정의를 생각해 낸 것이었습니다. 여기서 엔트로피는 어떠한 시스템을 전제하고 그 내부에서 임의성(randomness)을 측정하는 양을 의미합니다.

정보는 시스템 내부와 외부에서 보냄과 받음의 커뮤니케이션이 가능한 메시지로 정의됩니다. 이러한 메시지가 2진 기호(binary symbols)에 의해서 (1)코드화되고 (2)표상될 수 있을 때, 그 메시지는 정보에 속합니다. 그러므로 정보의 단위는 0과 1로 표현될 수 있는 비트(bit)인 것이지요. 예를 들어 사람의 염색체에 있는 DNA에는 50억 쌍의 핵산과 4개의 염기가 보유되어 있는데, 이것은 200억 비트의 정보입니다. 이 글에서는 위의 형식상 기본 조건을 만족하는 메시지일지라도 최소한 다음과 같은 추가적 조건을 만족하는 메시지를 의미 있는 정보로 정의하겠습니다.

(1) 시스템 상의 커뮤니케이션이 가능할 때
(2) 순서(order)와 패턴(pattern)이 존재할 때
(3) 불필요한 데이터(data)나 노이즈(noise)가 제거되었을 때.

메타 정보로서의 지식

2진 기호에 의해서 표현될 수 없는 복잡한 메시지는 정보 그 이상의 정보로 봐야 합니다. 여기서 일반 정보 이상의 정보를 메타 정보(meta-information)라고 하고 메타 정보와 동등한 메시지는 지식(knowledge)의 차원에서 이해됩니다. 정보를 포함하는 상위 개념의 지식은 개념화된 정보이며 언어의 형태로 표상(representation)될 수 있습니다.

형식 언어(formal language)와 관련하여 메타 정보로서의 지식은 다음 두 가지의 유형으로 분류하겠습니다. 여기서 말하는 형식언어에 포함되는 언어로는 기호논리 언어, 수학 언어, 프로그래밍 언어 등이 있는데 형식언어는 알파벳과 변환규칙으로 구성되고 변환규칙은 공리

와 추론규칙으로 구성됩니다.

(1) 형식언어 안에서 표상될 수 있는 메타 정보
(2) 형식언어 밖에서 표상될 수 있는 메타 정보

여기서 (1)의 메타 정보를 객관적 성격의 지식으로 볼 수 있고 (2)의 메타 정보를 주관적 성격의 지식으로 볼 수 있습니다. (1)은 형식 지식이라 부를 수 있고 (2)는 암묵 지식이라 부를 수 있습니다. 지식 표상의 유형으로 보면 (1)형식 지식은 선언 지식(declarative knowledge)에 대응되고 (2)암묵 지식은 절차 지식(procedural knowledge)에 대응됩니다.

(1) 형식 지식은 다음과 같은 성격의 메타 정보를 포함합니다.
(A) 언어, 코드, 로고스 등의 지식
(B) 서술이 쉬운 객관적 논리적 디지털 지식
(C) 언어나 구조를 가진 지식

(2) 암묵 지식은 다음과 같은 성격의 메타 정보를 포함합니다.
(A) 유형, 신체감각, 공통감각, 이미지, 파토스 등의 지식
(B) 서술이 어려운 주관적, 신체적인 아날로그 지식
(C) 언어로 표현이 어려운 경험, 이미지, 숙련된 기능, 문화, 풍토 등의 형태로 존재하는 지식

예를 들어 성서의 수많은 은유는 암묵 지식에 속하며 교회의 예전, 음악, 미술, 건축 등의 지식은 대부분 암묵 지식에 속합니다. 메타 정보로서의 그리스도교 지식은 신앙적 경험의 결과로 획득되는 지식이며 저장된 형태의 개념화된 정보입니다. 이러한 지식은 다음의 조건을 만족해야 합니다.

(1) '지능적 행동'은 인간과 인간의 인지에 대한 철저한 이해의 작업을 필요로 한다. 단지, 컴퓨터연구나 뇌 연구의 접근 방식만으로는 지식의 문제를 온전하게 이해할 수 없다.
(2) '저장'은 인간의 기억과 관련되어 있고, 기억은 학습으로부터 유래된다. 지식은 학습과 기억의 산물이다. 따라서 학습과 저장의 방식에 따라 지식은 분류될 수 있다.
(3) '개념화된 정보'는 일반 정보의 상위차원에 있음을 의미한다. 여기에서 1차 개념화는 정보의 집합에서 지식의 집합으로의 함수(mapping)이다.

$$\text{개념화}^1 : \text{정보} \rightarrow \text{지식}$$

성서에 표상된 정보의 상당한 부분은 1차원 정보라고 할 수 없고 1차 개념화된 정보에 속하므로 2차원 정보에 해당합니다. 그래서 성서의 정보는 메타 정보를 포함하고 있으며 이러한 메타 정보는 일반 정보의 처리와는 다르게 진행될 수 있다는 것을 인지해야 합니다. 예를 들어 성서의 메타 정보를 효과적으로 전달하고 교육하기 위해서는 1) 형식 지식과 암묵 지식이 구분되어 다루어 져야 하며 2) 메타 정보 커뮤니케이션과 매체가 지식의 성격에 맞게 구분되어 적용되어야 하지요. 왜냐하면, 메타 정보의 성격에 따라 학습과 기억의 방식이 현저히 다르기 때문입니다. 예를 들어 형식 지식은 학습과 기억에서의 명시적 형태와 연결되어 있지만, 암묵 지식은 학습과 기억에서의 암묵적 형태와 연결되어 있습니다.

메타 지식으로서의 지혜

메타 정보 위에 있는 고차원 정보는 메타 정보를 창조할 수 있는 정보입니다. 그러한 조건을 만족하는 고차원의 정보를 지혜라고 하겠습니다. 말하자면 지혜는 지식을 다루고 지식을 창출할 수 있는 정보처리능력을 포함하고 있지요. 지식과 지혜는 다른 차원에 있는 정보입니다. 그러므로 지식을 메타 정보로 정의하면 지혜는 메타 지식으로 정의해야 합니다.

성서의 정보를 처리하기 위해서는 다음과 같은 세 가지 차원의 정보를 위한 처리 과정(processing)이 필요합니다.

(1) 정보의 차원: 정보
정보 = 1차원 정보 (1st order information)

(2) 메타 정보의 차원: 지식
지식 = 2차원 정보 (2nd order information)

(3) 메타 지식의 차원: 지혜
지혜 = 3차원 정보 (3rd order information)

여기서 상위차원의 정보는 그 하위 차원의 정보를 포함하고 하위 차원의 모든 정보는 그 상위차원의 정보 내에서 처리될 수 있습니다. 그러므로 정보는 지식 내에서 처리될 수 있고 지식은 지혜 내에서 처리될 수 있습니다. 그래서 지혜에는 정보와 지식이 포함되지요.

이제 1차원 정보의 처리를 '정보처리'라고 하고, 2차원 정보의 처리를 '지식처리'라고 하고, 3차원 정보의 처리를 '지혜처리'라고 하면 다음의 네 가지 도식은 모두 동등합니다.

(1) 1차원 정보처리 ⇒ 2차원 정보처리 ⇒ 3차원 정보처리

(2) 정보처리 ⇒ (메타(정보))처리 ⇒ (메타(메타(정보)))처리

(3) 정보처리 ⇒ 메타 정보처리 ⇒ 메타 지식처리
(4) 정보처리 ⇒ 지식처리 ⇒ 지혜처리

메타 지식으로서의 지혜는 바로 메타 정보 즉 지식의 변환을 처리하는 데 필요한 3차원 정보입니다. 메타 지식 공간은 지식변환 즉 메타 정보변환을 처리하는 메타변환을 수행합니다. 말하자면 메타변환은 지식변환에 대한 변환이지요.

정보와 메타 정보와 메타 지식의 관계는 다음 도식과 같다고 하겠습니다.

$$\text{정보} \xrightarrow{\text{개념화}^1} \text{메타(정보)}$$

$$\text{메타(정보)} \xrightarrow{\text{개념화}^2} \text{메타(메타(정보))}$$

그렇다면 메타 지식 말하자면 메타(메타(정보))으로서의 지혜 의 메타변환은 다음을 만족해야 합니다.

$$\text{지식변환} \xrightarrow{\text{메타 변환}} \text{지식변환}$$

여기서 지식변환은 다음을 만족하는 함수입니다.

$$\text{지식} \xrightarrow{\text{지식 변환}} \text{지식}$$

그래서 지식 관리와 지식 창조는 다릅니다. 지식 창조는 지식 변환 함수를 처리할 수 있는 상위차원의 메타 변환에 의해 가능합니다. 그러므로 지식 관리는 지식 공간에서 가능하지만, 지식 창조는 메타 지식 공간에서 가능합니다. 지식 창조를 위해서는 메타 지식 공간에서 지식 변환을 다루는 메타 변환이 필요합니다. 여기서 (1)정보의 처리 (2)지식(=메타 정보)의 처리 (3)지혜(=메타 지식)의 처리가 필요한 것입니다. (2)지식의 처리는 지식 변환을 통해 이루어지지만, (3)지혜의 처리는 지식 변환에 대한 메타 변환을 통해 이루어집니다. 요컨대, 성서에 대한 해석은 지혜 차원의 메타 지식 창조를 통해 완성된다고 할 수 있습니다. 왜냐하면, 지식은 정보를 창조하고 지식을 관리하지만, 지혜는 지식을 창조하고 지혜를 관리하는 것이기 때문입니다.

정보와 언어

정보의 표현 단위는 비트인데, 이 말은 0과 1로 표현할 수 있는 대상이 정보라는 뜻입니다. 그런데 메타 정보로서의 지식은 0과 1만으로는 표현할 수 없는 복합적인 정보입니다. 그래서 비트보다 복잡한 언어가 필요한 것입니다.

그렇다면 성서의 언어는 신의 언어일까요? 만약 신의 언어로 기록되었다면 인간은 그 언어를 읽을 수 없을 것입니다. 달리 말하면 인간의 언어로 기록된 책이 성서이기 때문에 인간이 읽을 수 있는 것이지요. 이는 성서가 신과 무관하다는 말이 전혀 아닙니다. 다음의 메르카토르 지도를 비유로 생각해 보겠습니다.

이 지도는 16세기에 네덜란드의 천재적 수학자 메르카토르가 고안한 지도인데 3차원의 지구를 2차원으로 투영하여 제작한 지도입니다.

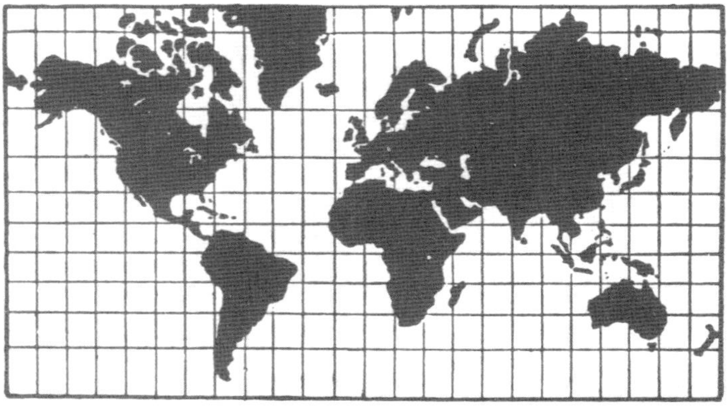

[그림 1] 메르카토르 지도

메르카토르 지도는 방향이 정확하게 나타나 있어서 특히 항해용 지도로서 유명합니다. 이 지도에서는 그린란드와 남미의 넓이가 비슷하지만, 실제 남미의 면적은 그린란드의 면적보다 9배나 넓습니다. 면적에 대한 왜곡이 있는 것입니다. 그렇다고 해서 이를 수정하기 위해 두 곳의 면적을 9배나 차이 나게 그리면 다른 곳의 면적이 모두 달라져서 골치 아픈 문제들이 발생합니다. 이런 일이 발생하는 근본적 이유는 3차원의 지구를 2차원의 평면에 옮긴 것에 있습니다. 여기서 신을 3차원의 지구에 비유하고 인간을 2차원의 지도에 비유해 보면 차원의 차이에서 발생하는 면적의 왜곡 문제들이 쉽게 이해될 것입니다. 신의 언어를 3차원이라 하고 인간의 언어를 2차원이라고 해도 불가피한 왜곡의 문제들이 발생할 것입니다. 요컨대 신의 언어가 3차원이라면 성서의 언어는 2차원 이하에 해당합니다. 신의 고차원 정보가 인간의 저차원 정보로 변환될 때 정보의 일정 부분 손실은 불가피할 수 있음을 인정해야 합니다. 우리는 이러한 한계를 인지한 후에야 최적의 성서 해석을 기대할 수 있는 것입니다. 신의 정보를 대하는 인간의 겸허한 자세는 늘 필요한 조건입니다.

이제 신약 성서의 언어 문제에 관한 한 가지 역사적 고찰을 해 보겠습니다. 신약 성서는 다음의 세 단계를 거쳐 기록되었습니다.

(1) 예수 그리스도 사건

(2) 예수 그리스도 사건에 대한 이야기

(3) 예수 그리스도 사건에 대한 이야기에 대한 기록

(1)은 예수 그리스도 사건 자체이고, (2)는 (1)에 대한 이야기 혹은 전승이라고 합니다. (1)과 (2)는 밀접한 관계가 있지만, 엄연히 다른 것입니다. 그리고 (3)은 (2)에 대한 기록입니다. 마찬가지로 (2)와 밀접한 관계가 있지만, 엄연히 다른 것입니다. 여기서 (3)이 바로 우리가 대면하는 성서입니다. 그래서 우리는 이 단계 속에 선택이 있었으며 그에 따른 한계가 있었음을 고려하면서 성서를 해석해야 합니다.

다음으로 신약 성서의 기록 언어 문제에 관하여 역사적 고찰을 해 보겠습니다. 위의 (1)에서 사용된 언어는 주로 아람어(Aramaic)였습니다. 왜냐하면, 예수가 사용한 언어는 주로 아람어였기 때문이지요. 아람어는 기원전 11세기부터 그 흔적을 발견할 수 있는 오래된 언어였는데 히브리어(Hebrew)와는 언어학 계보 상 매우 가까운 언어였습니다. 고대 페르시아 제국이 세계를 지배하던 시기에 아람어가 국제 공용어로 사용되면서부터 팔레스틴 지역의 사람들도 아람어를 사용했습니다.

(2)에서 사용된 언어 즉 전승 언어는 아람어, 그리스어, 히브리어였습니다. 왜냐하면, 예수 그리스도의 이야기를 전할 때 사용된 언어이므로 아람어 외에도 그리스어와 히브리어를 사용하여 전달했기 때문입니다.

(3)에서 사용된 언어 즉 성서의 기록 언어는 대중용 그리스어였는데 특정 지식층을 위한 고전 그리스어(classical Greek)가 아니라 가

장 일반적이고 통속적인 코이네 그리스어(koine Greek)였습니다. 달리 말하면 예수와 그의 제자들이 사용했던 아람어가 아니었다는 것입니다. 왜 이런 일이 발생했을까요? 그 해답은 성서를 읽는 독자와 읽는 것을 듣는 청중에서 발견할 수 있습니다. 기록자는 무엇보다 독자와 청중을 생각했던 것입니다. 왜냐하면, 당시 지중해를 중심으로 한 세계에서 가장 많은 수의 사람들이 읽고 사용할 수 있었던 언어가 바로 코이네 그리스어였기 때문이지요. 그래서 신약 성서는 코이네 그리스어로 기록되었던 것입니다. 신약 성서의 기록을 살펴보면 기록한 사람의 모국어가 그리스어가 아닌 경우도 발견되었습니다. 즉 그들은 자신에게 편리한 모국어를 과감히 배제하고 그 시대의 보편적 청중을 위한 번역어를 선택했다는 것입니다. 이처럼 신약 성서라는 텍스트는 당시의 컨텍스트 안에서 최적의 소통을 목표로 하여 태어났습니다.

우리도 이 시대에 가장 보편적인 언어를 선택하여 소통을 해야 합니다. 그래서 과학의 언어가 필요합니다. 신약 성서 시대의 코이네 그리스어는 그리스인들만의 언어가 아니었습니다. 현대 과학의 언어도 특정 과학자들만의 언어가 아니라 이 시대의 가장 보편적인 공용 언어가 되었습니다. 이러한 언어적 특성을 고려하여 성서를 해석하고자 추구하는 학문이 바로 과학 신학입니다. 단, 과학 신학 내에서는 과학의 언어가 의미 해석을 위한 새로운 도구일 뿐이며 지도로서의 성서를 읽는 새로운 방법일 뿐이지 텍스트 자체를 대체하는 것이 아닙니다.

2

신의 로고스, 요한의 과학 신학

> 태초에 로고스가 계셨다. 그 로고스는 하나님과 함께 계셨다. 그 로고스는 하나님이셨다. … 로고스가 없이 창조된 것은 하나도 없다. (요한복음서 1:1-3)

성서는 다양한 메시지들의 집합입니다. 이 메시지는 1차원 정보, 2차원 정보, 3차원 정보로 분류될 수 있습니다. 다시 말하면 정보, 메타 정보, 메타 메타 정보인데, 앞에서 이를 각각 정보, 지식, 지혜로 불렀습니다.

정보로서의 로고스

위에 기록된 요한의 언어 안에서 로고스는 특히 중요한 정보를 의미했습니다. 왜냐하면, 창조의 과정에서 그 선행 조건으로서 로고스가 존재해야 했기 때문이지요. 여기서 창조는 정보의 처리(information processing)였는데 정보의 입력과 정보의 출력을 포함하는 과정입니다. 그러므로 물리 세계 내에 실현된 사건은 모두 출력된 신의 정보였습니다.

요한복음서의 로고스는 다음과 같은 정보로 나누어 해석될 수 있습니다.

(1) 1차원 정보로서의 로고스

(2) 2차원 정보로서의 로고스

(3) 3차원 정보로서의 로고스

여기서 (1)은 정보로서의 로고스 (2)는 지식 혹은 메타 정보로서의 로고스 (3)은 지혜 혹은 메타 지식으로서의 로고스를 말합니다. 1장의 관점에서 보면 (1)은 2진 기호를 통해서 코드화될 수 있는 메시지입니다. (2)는 언어를 통하여 표상될 수 있는 메타 정보인데 형식 지식과 암묵 지식을 포함하고 있는 메시지입니다. (3)은 언어를 초월하여 표상될 수 있는 메타 지식인데 모든 변환뿐 아니라 메타 변환까지 포함하고 있는 메시지입니다. 이렇게 볼 때 요한복음서 1:1-3의 메시지는 신이 메타 정보를 처리하고 실현하여 창조 사건을 이루었음을 전달하고 있습니다.

이렇게 로고스에 의해서 로고스를 실현하여 창조된 세계를 요한은 코스모스라고 불렀고 신이 사랑했다고 선언했습니다.

> 신이 세상(*kosmos*)을 이처럼 사랑하셔서, 독생자를 주셨으니, 누구든지 그를 믿으면 멸망하지 않고 영생을 얻을 것이다. 신이 아들을 세상에 보내신 것은, 세상을 심판하시려는 것이 아니라, 아들로 세상을 구원하시려는 것이다. (요한복음서 3:16-17)

요한복음서 텍스트(3:16)는 우주적 차원의 구원을 말하고 있습니다. 신께서는 '코스모스'(kosmos)를 사랑하는데 여기서 코스모스란 용어는 질서가 허락된 세계를 뜻합니다. 그래서 요한복음서 텍스트는 신이 창조하고 질서를 부여해 준 세계를 신이 사랑함을 선언하고 있습니다.

고대의 수학자이자 종교지도자로 알려진 피타고라스(Pythagoras, 기원전 585-500경)가 코스모스를 정의했고 그 후 신약 성서 시대에 '코스모스'는 '신의 질서'가 있는 세계를 의미했습니다. 그런데 비례를 의미하는 질서로서의 '라티오스(*ratios*)'는 신약 성서 시대의 '로고스(*logos*)'와 바꾸어 쓸 수 있는 용어였다는 점을 주목해야 합니다. 그리고 기원후 2세기 초반에 기록된 요한복음서의 텍스트 안에서 그리스도 예수는 인간에게 생명과 진리를 주기 위해서 신이 인간이 된 로고스로 해석되고 표상되고 있었습니다. 특별히 요한복음서에서는 그리스도가 창조 사건 이전에 선재하는 로고스라고 해석되고 있습니다. 그리스도는 신의 창조의 질서를 포함하고 있는 존재이므로(요한복음서 1:1-3) 코스모스는 창조의 대상이지만 로고스는 창조의 대상이 될 수 없다는 치밀한 논리가 구사되고 있다는 점이 새롭습니다.

'신의 정보'로서의 로고스는 '신의 말씀'으로 해석될 수 있는데 신이 코스모스를 창조하였다는 것은 코스모스가 로고스 정보에 의해서 창조되었다는 뜻입니다. 신의 말씀이 사건으로 실현되는 것과 마찬가지로 신의 정보가 처리되면 사건이 실현된다는 것이지요. 정보로서의 로고스는 (1)존재론적 차원에서 신과 함께 존재하며(요한복음서 1:2a) (2)인식론적 차원에서 신과 동일합니다(요한복음서 1:2b). 정보는 물리 법칙과 마찬가지로 물리적 실재가 아니라 추상적 실재이므로 정보는 물리적 에너지의 변동 없이 코스모스에 작동하며 물리 세계 내에 사건으로 실현될 수 있습니다. 로고스를 정보로 해석하면 신의 창조의 활동은 코스모스 내에서 우리가 알고 있는 물리 법칙과 모순이 없이 양립합니다.

코스모스를 창조하고 코스모스를 사랑하는 신은 예수 그리스도를 코스모스 속으로 보내는 신이며 코스모스 내에서 활동하는 신입니다. 그러므로 신이 인간의 몸을 입고 세상에 왔다는 성육신 사건(incarnation)은 신이 코스모스의 일부가 되는 사건입니다. 구원을 위하여 창조주가 피조 세계의 일부가 되는 사건인데 이러한 성육신 사건은 필연적인 사건이었을까요? 만약 필연성이 있었다면 신의 초월성에 어긋날 수 있습니다. 그렇다면 성육신 사건은 불가능한 사건이었을까요? 만약 불가능성이 있었다면 신의 전능성에 어긋날 수 있습니다. 성육신 사건은 필연적이지 않으며 동시에 불가능하지도 않은 사건이어야 했습니다. 현대 과학에서는 필연성을 부정하면서 동시에 불가능성을 부정할 때 이를 '발연성'(發然性, contingency)이라고 합니다. 필연성을 전제하지 않으면서 동시에 가능성을 의미하는 발연성은 고전 과학에서의 인과성(causality)으로 설명하지 못하는 사건에 적용될 수 있는 새로운 논리적 도구입니다. 성육신을 통한 신의 구원의 활동은 발연적 사건이었지요.

신은 '자기 비움'(*kenosis*)을 통하여 성육신 사건을 이루었고 코스모스 내에서 활동합니다.

> 그분은 신의 모습(*morphe*)을 지내셨으나, 신과 동등함을 당연하게 생각하지 않으시고, 오히려 자기를 비워서 종의 모습(*morphe*)을 취하시고, 사람과 같이 되셨습니다. 그는 사람의 모양으로 나타나셔서, 자기를 낮추시고 죽기까지 순종하셨으니, 곧 십자가에 죽기까지 하셨습니다. (빌립보서 2:6-8)

여기서 성육신 $incarnation$은 신의 모르페 $morphe(God)$로부터 사람의 모르페 $morphe(New\,Adam)$ 로의 변환(transformation)으로 정의되고 있습니다.[1]

$$morphe(God) \xrightarrow{incarnation} morphe(New\,Adam)$$

'자기 비움의 사랑'을 통하여 성육신한 신은 (1) 물리 세계, (2) 생명 세계, (3) 의식세계로 이루어진 코스모스 안에서 코스모스의 질서를 파괴하지 않으면서 인간 예수로 태어나고 성장하고 활동하였다는 것입니다. 그래서 성육신 사건은 신이 코스모스의 질서 안으로 들어오고 코스모스의 시공간 내에서 활동하였음을 의미합니다. 그리스도 예수 사건은 신께서 인간의 DNA, 세포, 단백질 등을 모두 지니고 인간이 가진 모든 제약 안에서 활동한 사건이었습니다. 이런 자기 비움의 사랑은 십자가의 죽음 사건으로 절정을 이루었는데 십자가에 달린 신은 자기 비움의 사랑을 통하여 인간의 모르페로 변환한 후 인간이 가진 한계를 공유하며 구원의 활동을 수행했습니다.

신의 성육신 사건은 인류의 차원을 넘어 코스모스 차원의 구원 사건이었습니다. 신이 예수를 코스모스에 보내신 것은 코스모스가 구원을 받게 하려는 것에 그 목적이 있었기 때문입니다(요한복음서 3:17). 예수라는 인물이 그리스도라고 믿는 사람들, 즉 그리스도를 예수라고 믿는 사람들에게는 구원 사건이 허락되는데 이 구원은 심판에 의한 '죽음'이 아니라, 구원에 의한 '영원한 생명'이 허락된다는 것이었습니다.

우리는 여기서 요한복음서의 텍스트가 보여주는 생명은 '비오스(*bios*)'가 아니라 '조에(*zoe*)'라는 그리스어로 표현되었음에 주목해야만 합니다(3:16). 조에 생명이 의미하는 것은 '생물학적 차원'의 비오스 생명이 아니었으므로 영원한 생명이란 생물학적 생명의 연장이 아니었습니다. 그것은 '코스모스 차원'의 영원한 조에 생명이 허용된다는 것입니다.

신은 '영원성'과 동시에 '일시성'을 포함한 '양극 관계성'(dipolar relationality)을 가진 분입니다. 그러므로 '영원한 생명'이란 기존의 시간적 개념이나 생물학적 개념으로는 파악될 수 없는 개념이었습니다. 오히려 '영원한 생명'은 '비오스' 차원의 생명과 죽음을 넘어서는 것이었고, '조에'로서의 생명이었습니다. 조에 생명은 '비오스' 차원의 죽음 이후에도 새로운 코스모스에서 신과 함께 삶을 영위하는 사건을 의미했습니다(누가복음서 23:43). 신이 영원하다면 언제나 신과 함께 살아야 하는 존재도 영원해야 합니다. 왜냐하면, 그것이 논리적으로 타당하기 때문입니다. 그러므로 요한이 언어화하고 의미했던 영원한 생명(*aionios zoe*)의 모델은 사람들이 충분히 이해할 수 있는 모델입니다.

예수의 '부활 사건'을 통해서 조에 생명의 영원함은 코스모스 내에서 선취적 사건(*prolepsis*)으로 증명 되었습니다. 요한복음서 텍스트에 의하면 선재했던 그리스도가 사람의 모르페를 입은 성육신 사건과는 대칭적으로 그리스도가 새로운 모르페로 변환하는 사건이 강조되었습니다. 말하자면 '인간의 모르페'로부터 '신과 함께 동행하는 영원한 생명의 모르페'로의 변환이었지요. 이 특별한 변환을 바울과 신약성서의 기자들은 부활(*anastasis*)이라고 불렀던 것입니다.

$$morphe(New Adam) \xrightarrow{\text{부활}} morphe(Aionis\ Zoe)$$

부활 후의 모르페는 영원한 생명이 허용되는 모르페입니다. 부활은 모르페의 변환인데 새로운 영원한 생명의 모르페로의 변환입니다. 이러한 모르페의 실현은 그리스도의 부활 사건을 통하여 코스모스 내에서 실현된 새로운 사건이었습니다. 그리스도의 성육신과 부활을 통한 구원 사건은 단지 인간성의 공유뿐만 아니라 우주성의 공유를 포함했습니다. 신의 구원은 우주의 폐기가 아니라 옛 우주가 새롭게 변환(transformation)되는 새로운 창조의 사건이었습니다. 성육신과 부활 사건이 모르페의 변환을 포함하고 있으므로 더 큰 규모의 코스모스 구원 사건도 모르페의 변환을 포함하고 있지요.

우리는 여기서 새로운 변환으로서의 부활 이후에도 '정보 패턴'(information pattern)은 연속될 수 있음에 주목해야 합니다. 부활 사건 이후에도 우리는 정보의 패턴으로 존재할 수 있습니다. 인간의 몸은 계속 변화되는 원자들의 패턴으로 이해될 수 있으므로 인간의 영혼이 존재한다면 당연히 패턴으로 이해될 수 있는 것이지요. 부활한 개인의 모르페가 정보의 패턴을 함유하고 있다면 그 개인의 정체성은 패턴으로서 연속될 수 있습니다. 예를 들어 옛 창조의 공간들과 새 창조의 공간은 서로 인접해 있을 수 있는데 부활의 연속성은 하나의 공간에서 다른 공간으로 구조를 보존하는 함수로 해석될 수 있는 것입니다. 현재의 시간은 새 창조의 시간과 순서 관계 내에 있을 필요가 없지요.

예수의 부활 후 제자들이 새로운 모르페를 지닌 예수를 인지할 수 있었고 심지어 동행할 수 있었다는 신약 성서의 텍스트(마가복음서 16장, 마태복음서 28장, 누가복음서 24장, 요한복음서 20장)에는 예수의 모르페에서 예수의 정체성이 보존될 수 있었고 예수를 따라 부활하는 사람의 모르페에서도 그 정체성이 보존될 수 있음을 보여주고 있습니다. 부활이라는 특별한 변환 내에서 모르페에 포함된 패턴은 보존되었고, 부활은 그리스도의 패턴을 보존하는 모르페의 변환 사건이었습니다.

부분과 전체가 하나인 로고스

요한의 논리에 의하면 로고스와 관련하여 그리스도에 대한 새로운 해석이 가능합니다.

(1) 태초에 '로고스'가 계셨다. (요한복음서 1:1)

(2) 그 '로고스'는 신과 함께 계셨다. (요한복음서 1:1)
(3) 그 '로고스'는 '신'이셨다. (요한복음서 1:1)

여기서 (1)은 로고스로서의 그리스도가 창조된 존재가 아니라 선재하는 신성한 존재임을 강조했습니다. (2)는 로고스로서의 그리스도가 신과 함께 있었다는 것을 명시함으로써 그리스도와 신이 두 존재임을 강조했습니다. (3)은 로고스로서의 그리스도가 신과 한 존재임을 강조했습니다. 종합하면 예수 그리스도는 창조되지 않고 신으로부터 난 존재인데 신과 한 분인 존재라는 것입니다.

이러한 주장은 과연 성립될 수 있을까요? 이에 대한 과학 신학의 해석은 다음과 같습니다.

(1) 로고스는 존재하는 모든 대상에 대하여 전체 집합에 해당한다. 그러므로 로고스는 어떤 집합의 원소가 될 수 없다.
(2) 로고스로서의 집합이 존재하며 신으로서의 집합이 존재하는데 두 집합은 함께 존재한다.
(3) 로고스는 신과 동일한 집합이다.

여기서 (1)은 로고스가 어떤 집합의 원소가 될 수 없음을 표상하고 (2)는 공재하시는 그리스도와 신의 '비동일 인격'을 표상하며 (3)은 그리스도와 신의 '동일 본질'을 표상함을 의미합니다.

요한이 증명하고자 하는 예수의 정체성은 바로 신의 정체성과 같다는 것이었습니다(요한복음서 20:28). 그래서 다음과 같이 예수와 신이 하나라고 명시되며 강조되고 있었습니다.[2]

나(예수)와 아버지(신)는 '하나'(*hen*)이다 (요한복음서 10:30)

유대인들이 돌을 들어 예수를 치려고 한 이유도 바로 예수가 자칭

신이라고 함에 있었다는 것이었습니다(요한복음서 10:22-39). 이 문제가 예수의 생사가 걸린 문제로 표현되었다는 것은 요한 공동체 내에서도 마찬가지로 그만큼 중대한 문제였음을 잘 암시해 주고 있습니다. 유대인들이 예수를 죽이고자 한 사유가 예수가 자신을 신과의 동등한 위치에 놓았기 때문이라는 보도(요한복음서 5:18)도 요한 공동체의 가장 시급하고도 중요한 생존의 문제를 반영한 것이었습니다. 요한 공동체가 유대교 회당에서 축출되었다는 사건(요한복음서 9:22)을 고려하면 축출의 원인이 바로 예수와 신이 하나라는 고백과 관련되어 있다고 볼 수 있습니다. 이처럼 핵심적인 문제를 요한은 다음과 같은 논리로 풀었습니다.

(1) 너희는 아버지께서 내[예수] 안에(*en*) 계시고 또 내가 아버지 안에(*en*) 있다는 것을 깨달아 알게 될 것이다. (요한복음서 10:38b)

(2) 내[예수]가 아버지 안에(*en*) 있고 아버지께서 내 안에(*en*) 계신다는 것을 네가 믿지 않느냐? (요한복음서 14:10a)

(3) 아버지, 아버지께서 내[예수] 안에(*en*) 계시고, 내가 아버지 안에(*en*) 있는 것과 같이 그들[예수의 제자들]도 하나가 되어서 우리 안에(*en*) 있게 하여 주십시오. (요한복음서 17:21a)

여기서 공통으로 사용되고 있는 "안에(*en*)"라는 논리적 도구는 현대 집합론의 개념으로 보면 포함관계(inclusion) $\subseteq$을 의미합니다. 예를 들어 작은 집합은 큰 집합 안에(*en*) 포함되지요. 신을 집합 G로 표현하고 예수를 집합 J로 표현하고 예수의 제자들을 집합 D라고 표현할 때 (1)은 (4)와 같은 표현으로 성립됩니다.

(4) $G \subseteq J,\ J \subseteq G$

외연 공리(Axiom of Extension)에 의하면, (4)는 $G \sim J$ 즉 두 집합은 대등(equipotent)합니다.[3] 그리고 (4)는 기수(cardinal number)의 정의에 의해서 다음 (5)와 같습니다.

(5) $|G| \leq |J|, |J| \leq |G|$

여기서 칸토르-베른슈타인의 정리(Cantor-Bernstein Theorem)가 필요한데, 이 정리는 다음과 같습니다.[4]

$|A| \leq |B|$ 이고 $|B| \leq |A|$ 이면, $|A| = |B|$ 이다.[5]

이 칸토르-베른슈타인 정리에 의해서 (5)로부터 (6)이 성립합니다.

(6) $|G| = |J|$ (두 집합은 대등하고, 두 집합의 기수는 같다)

(6)은 G에서 J로의 일대일 대응함수가 존재한다는 것을 의미하며, 이는 G와 J가 크기가 같은 집합이라는 것입니다. 즉 신과 예수의 대등함을 보여주는 논리적 조건이지요.

현대 집합론의 외연 공리(Axiom of Extension)와 내포 공리(Axiom of Comprehension)에 의해[6] (1)과 (2)는 신은 예수의 속성을 만족하는 모든 원소를 포함할 수 있고 예수는 신의 속성을 만족하는 모든 원소를 포함할 수 있다는 결론에 도달합니다. (6)과 (3)으로부터 (7)이 성립합니다.

(7) $|G| = |J| = |D|$

여기서 신과 예수와 제자가 같은 크기의 대등한 집합임이 증명되었습니다. 그런데 다음에 의해 심각한 논리적 모순에 직면합니다.

아버지[신]는 나[예수]보다 크심이라 (요한복음서 14:28)

신은 큰 집합이지만 예수는 작은 집합이라는 명제입니다. 달리 말하면 전체와 부분이 하나가 된다는 것을 증명해야만 합니다. 왜냐하면, 유클리드의 공리 이후 과학 내에서 부분과 전체는 같을 수 없었기 때문입니다.

그러나 무한의 세계를 전제할 때 이 모순적 상황은 해결될 수 있습니다. 현대 수학에서는 집합 K가 무한 집합이 되기 위한 필요충분조건은 일대일 함수지만 대응(onto) 함수가 아닌 함수 $f : K \to K$가 존재한다는 것을 말합니다. 반면에 집합 K가 유한집합이 되기 위한 필요충분조건은 임의의 일대일 함수 $f : K \to K$가 반드시 대응 함수라는 것이지요. 그러므로 작은 집합과 큰 집합이 하나가 된다는 명제는 유한의 영역 내에서는 불가능하지만 무한의 영역이 전제될 때에는 가능합니다. 요한은 무한의 영역을 전제했고 그러한 바탕 위에서 신과 예수와 제자들이 하나의 무한 집합임을 보여주었습니다. 요한복음서에 제시되었던 신과 예수의 하나 됨, 더 나아가 신과 예수와 예수의 제자들의 하나 됨은 현대 수학에 의해서 증명됩니다.

요한의 정보와 논리

요한의 메시지는 1차원 정보, 2차원 정보, 3차원 정보로 분류될 수 있었습니다. 그래서 1차원 정보, 2차원 메타 정보, 3차원 메타 메타 정보로 정의되는데, 이는 각각 정보, 지식, 지혜라고 표현할 수 있었습니다. 요한의 언어 안에는 로고스라는 매우 중요한 정보를 담고 있었고 그 정보를 독자에게 전달하기 위한 고도의 논리적 장치가 연결되어 있었습니다.

먼저, 창조 사건을 설명하는 과정에서 그 선행 조건으로서 로고스의 존재를 제시했고, 창조는 정보의 처리(information processing) 사건으로 해석했습니다. 그러므로 물리 세계 내에 실현된 사건은 모두 출력된 로고스의 정보였습니다. 이러한 논리에 의하면 정보 처리에는 물리적 입력이 필요하지 않으므로 에너지의 소비가 없습니다. 그러므로 정보 처리로서의 창조 사건은 에너지 보존의 법칙을 침범할 필요가 없습니다. 에너지 보존의 법칙에 어긋나지 않으므로 신이 말씀(로고스)으로 세상을 창조했다는 과학 신학적 해석이 과학적 모순 없이 성립합니다.

그 다음, 신과 인간의 하나 됨을 주장하는 요한의 논리는 다음 네 가지 결론을 보여주었습니다. (1) 무한 집합을 전제할 때, 부분과 전체가 하나가 됨이 증명될 수 있습니다. (2) 무한 집합을 전제할 때, 요한이 주장하는 전체로서의 신과 부분으로서의 예수가 하나가 됨이 증명될 수 있습니다. (3) 무한 집합을 전제할 때, 요한이 주장하는 전체로서의 신과 부분으로서의 제자가 하나가 됨이 증명될 수 있습니다. (4) 칸토르-베른슈타인 정리에 의하면, 요한의 동일화 논리는 수학적으로 타당합니다. 무한 집합은 일자(one)로 생각할 수 있도록 허용하는 다자(many)였습니다.

3

신의 천문, 마태의 과학 신학

> 그들은 왕의 말을 듣고 떠났다. 그런데 **동방에서** 본 그 별이 그들 앞에 나타나서 **그들을 인도해 가다가,** 아기가 있는 곳에 이르러서, **그 위에 멈추었다**. (마태복음서 2:9 표준새번역 개정판)

동방 박사의 별

마태가 전해주는 동방 박사(*magos*)와 베들레헴의 별 이야기(마태복음서 2:1-12)는 시대와 지역을 초월하여 일반인들과 다양한 분야의 전문가들에게 많은 관심을 받고 있습니다. 그런데 위의 텍스트를 해석하기 위해서는 그에 부합한 컨텍스트에 대한 이해가 필요합니다. 그래서 다음의 두 가지 해석학적 전제를 가지고 시작하고자 합니다.

첫째, 1세기의 텍스트를 해석하는 데 필요한 컨텍스트에는 고대 천문학이 포함되어야 합니다. 왜냐하면, 마태복음서의 컨텍스트 내에서 천문학과 점성학은 분리될 수 없기 때문입니다. 1세기 초의 유대인과 그리스도교인들 사이에 고대 천문학으로서의 점성술의 개념이 널리 알려져 있었습니다. 마태의 텍스트가 기록된 시대에는 별(아스테르(*aster*)의 운동을 연구하면서 그 법칙을 연구하는 것을 천문학(astronomy)이라고 불렀고 그 의미를 연구하는 것을 점성학(astrology)이라고 불렀습니다. 재미있는 표현이 있는데, 서양 말에서 재앙을 의미하는 용어 'dis·aster'는 '별이 사라진 사건'이란 뜻으로 나온 말이었지요.

고대에서는 두개의 용어 천문학과 점성학이 흔히 같은 의미로 사용되었는데, 점성학에 해당하는 표현이 일상적으로는 더욱 빈번히 사용되었습니다. 따라서 마태복음서의 동방박사를 성서의 각주에서 '점성가'라고만 간단하게 표현하는 것은 무책임한 일이 아닐 수 없습니다. 예수와 동시대를 살았던 알렉산드리아의 철학자 필로는 과학자로서의 마고스를 언급했었고(*De legibus specialibus* III 18:##100-1), 4세기의 사상가 아우구스티누스도 『그리스도교 교양』(*De docta Christiana* II.22.33)과 『질서론』(*De ordine* II.15.42)에서 점성학과 천문학을 동의어로 간주하고 있었는데 그 자신도 천상에 관한 연구로서의 천문학을 연마한 바가 있었습니다. 요컨대, 마태복음서의 '마고스(박사)'를 단지 점성가라고만 소개하는 것은 1~2세기에 활동하던 알렉산드리아의 위대한 천문학자 프톨레마이오스(Klaudios Ptolemaios, c. 100-170)를 단지 점성가로 소개하는 것과 다름없는 오류를 범하는 일입니다.

그런데 어떻게 프톨레마이오스의 천문학이 동시에 점성학이었던 것일까요? 그 이유는 '행성의 움직임이 지구의 변화를 정할 수 있다면, 행성의 움직임은 지구 내의 인간사의 변화도 정할 수 있다'라는 명제를 전제하고 있었기 때문입니다. 그 나름의 논리가 있었던 것이지요.

둘째, 별과 측정자 사이의 사건을 전하고 있는 마태복음서의 텍스트는 같은 시대의 천문학의 컨텍스트 내에서 해석될 필요가 있습니다. 만약 마태가 별을 천문학적 대상이 아닌 초자연적 대상으로 이야기하고자 하였다면 현재 우리에게 전해져 내려온 본문과는 분명히 다른 방식과 형태의 기록을 남겼을 것입니다. 예를 들어 1) 별이 지상으로 내려와 직접 인도하였다고 기록할 수도 있었을 것입니다. 실례로 이러한 내용의 기록은 "동방 박사들의 계시"로 불리는 문서를 통해 발견할 수 있습니다(B. Landau, *Revelation of the Magi: The Lost Tale of the Wise Men's Journey to Bethlehem*). 하지만 마태는 그렇게 기록하지 않았습니다.

또는 2) 마태가 천사가 별의 현현이라 기록할 수도 있었을 것입니다. 이러한 실례는 "구주의 복음서" 혹은 "구주의 유아기 복음서"로 불리는 문서의 7장을 통해서 발견할 수 있습니다(J. Elliott, *The Apocryphal New Testament: A Collection of Apocryphal Christian Literature in an English Translation*). 하지만 마태는 그렇게 기록하지 않았습니다.

또는 3) 마태는 별이 아이가 있는 집 내부로 들어가서 아이의 머리위에 머물렀다고 기록할 수도 있었을 것입니다. 이러한 실례는 "야고보의 원복음서(*Protevangelium of James* 21.9-11)"에서 발견할 수 있습니다(O. Cullmann, "The Protevngelium of James", *New Testament Apocrypha;* S. Porter, "Early Apocryphal Gospels and the New Testament Text", *The Early Text of the New Testament*). 하지만 마태는 그렇게 기록하지 않았지요.

우리가 최대한 마태의 의도에 따라서 마태복음 2:9의 의미를 해석해야 합니다. 이를 위해서는 1세기 그레코-로만 시대와 그 문화권 내에서 별의 운동을 묘사하는 천문학의 언어와 그 표현에 대한 충분한 이해를 먼저 해야 하는데, 우선 다음과 같은 전제가 필요합니다.

(1) 박사들은 천구가 있다고 전제했고 그 중심에 지구가 있다고 전제했다.
(2) 박사들은 지구를 기준으로 그리고 오직 지상의 관점에서 천상의 별을 관찰할 수 있었다. 텍스트(마태복음서 2:9)에 의하면 관측자는 베들레헴 또는 베들레헴의 근방에서 별의 운동을 관측하고 있었다. 그러므로 박사들은 북위 32.7365°의 위치에서 관측했던 것으로 전제한다.
(3) 박사들이 관측하는 하늘의 모든 행성은 태양이 아니라 지구를 중심으로 운동을 했다고 전제한다.

엔 테 아나톨레

먼저 마태복음서 2:9의 '엔 테 아나톨레(*en te anatole*)'는 다음과 같이 세 가지로 해석이 될 수 있습니다.

(1) '동방에서/동쪽에서': 이 해석은 단순히 방위와 관련된 것입니다.
(2) '떠오르는': 이 해석은 행성의 운동과 관련된 것입니다. 말하자면 고대의 천문학적 표현입니다.
(3) '태양과 관련되어 떠오르는': 이 해석은 특정한 천체 현상과 관련된 것입니다. 말하자면 고대의 천문학적 표현입니다.

동방에서

(1)을 전제하면 2:9의 의미는 '동방에서 본 별'이 되는 것이 자연스럽겠지만 그 타당성이 미약합니다. 그 이유는 다음과 같습니다.

1) 전치사 '엔'이 '동방에서'를 의미하는 방위를 나타내는 전치사로

사용되려면 '테'라는 관사가 사용되지 않았어야 합니다.

2) 마태는 1)의 어법을 정확히 알고 있었습니다. 그래서 2:1에서 방위를 나타내는 전치사 '아포'의 경우 관사를 사용하지 않았습니다.

3) '동방에서'의 의미를 표현할 때 마태는 단수형이 아니라 복수형 '아포 아나톨론'을 사용하고 있었습니다(마태복음서 8:11, 24:27).

위의 세 가지 분석을 고려하면 마태의 '엔 테 아나톨레'가 (1)의 의미를 표현하지 않았다고 보는 것이 타당합니다.

떠오르는

(2)를 전제하면 2:9의 의미는 '떠오르는 별'이 됩니다. 고대 천문학에서 사용하는 어법에 일치하므로 이러한 해석은 타당합니다. 특히 2:2과 이야기의 흐름에 근거해서 보면 별이 다시 나타났다는 내용과 어울릴 수 있습니다.

이러한 점을 반영하듯 과거의 영어 성서 RSV에서는 (1)에 해당하는 번역 '동쪽에서(in the east)'를 선택하였으나 그것의 개정판인 NRSV에서는 (2)에 해당하는 번역 '떠오르는'을 새롭게 채택하고 있습니다. 적어도 이 문제에 관한 한 NRSV의 번역은 RSV의 번역보다는 위 (1)에서 언급한 문제들에서 벗어난다고 평가할 수 있습니다. 저명한 신약성서학자 브라운(Raymond E. Brown, *The Birth of the Messiah*)도 (2) '떠오르는(at its rising)' 해석이 타당하다고 보았으며, 루츠(Ulrich Luz, *Matthew 1-7: A Commentary*)는 그리스어 문법상의 이유와 요세푸스(Josephus)의 빈번한 사용 등을 근거로 (2)에 해당하는 번역을 지지하였습니다. 그리고 데이비스와 앨리슨(W. D. Davies & D. C. Allison, Jr., *The Gospel According to Saint Matthew*)은 호머, 플라톤, 유리피데스 등의 작품에서의 용례를 분석하며 (2)에 해당하는 번역을 지지했습니다. 그러므로 이러한 관점에서 보면, 별이 동방 박사들의 출발지로부터 베들레헴까지 인도했다는 해석은 정당화될 수 없습니다. 본문과는 거리가 먼 상상일 뿐입니다.

다만, 신약 성서 내에 (2)의 '떠오르는'이라는 의미의 번역을 직접 비교해 볼 수 있는 용례는 없습니다. 그러나 그리스어 70인역(LXX) 내의 번역 중에는 비교해 볼 수 있는 중요한 단서가 있는데, 민수기 24장 17절 '한 별이 야곱으로부터 떠오를 것이다'에서 동사 '아나텔로(*anatello*)'가 사용되었습니다. 여기서 70인역(LXX)의 민수기 24장 17절에서 별과 직접 관련된 동사가 사용되었다는 증거는 상당히 중요한 의미를 가집니다.[7]

구약 성서에 나오는 발람의 이야기와 동방 박사의 이야기를 대비하여 해석하면, 별과 동방 박사와 관련하여 다음과 같이 세 가지의 신학적 유사성도 생각해 볼 수 있습니다.

1) '동방으로부터' 온 발람(LXX 민수기 23:7)과 '동방으로부터' 온 박사들 (마태복음서 2:1) 사이에는 비유대인 배경, 특별한 능력의 소유자, 긍정적 역할이라는 면에서 유사성이 있습니다.

2) '야곱의 별'(LXX 민 24:17)과 '유대인의 왕의 별'(마 2:2) 사이에는 메시아를 상징하는 별이란 점에서 유사성이 있습니다.

3) 발람이 '그의 장소로' 돌아감(LXX 민 24:25)과 동방 박사들이 '그들의 나라로' 돌아감(마 2:12)은 이야기의 종결 형식, 사건의 현장을 떠나 돌아감이라는 점에서 유사성이 있습니다.

태양과 관련되어 떠오르는

(3)을 전제하면 2:9의 의미는 '태양과 관련되어 떠오르는 별'이 됩니다. 이 해석은 특히 천문학과 과학의 역사를 전공하는 학자들의 시선을 끕니다.[8] (3)의 의미는 (2)의 의미와 달리 '태양과 관련된 떠오름'에 한정된 것입니다. 이를 천문학적인 의미로 다시 말하면 '해가 뜰 때 떠오름' 혹은 '해가 뜨기 직전에 떠오름'이 됩니다. 이러한 제안은 1911년 포이그트(Heinrich Voigt)에 의하여 처음 시도되었는데 2:9의 텍스트가 동쪽 하늘에서 해가 뜰 때의 현상을 뜻한다는 천문학적 해석이었습니다.[9]

고대 천문학의 교과서인 테트라비블로스(*Tetrabiblos*)에서 프톨레마이오스는 양자리(Aries)에서 해가 뜰 때 떠오르는 목성(Jupiter)을 표현하면서 '엔 테 아나톨레'를 사용했습니다(*Tetrabiblos* 3.10). 이것은 대단히 의미 있는 과학적이고 역사적인 근거가 됩니다. 특히 프톨레마이오스의 테트라비블로스는 이미 기원전 4세기부터 기원후 2세기까지의 천문학 연구 결과가 집대성되었다는 면에서 마태복음서 기록자의 시대를 포함하고 있습니다. 달리 말하면 마태복음서를 포함하는 신약 문서 시대에서 가장 보편적이고 표준적인 그레코-로만 천문학의 컨텍스트를 살펴보는 데 가장 적합한 자료가 된다는 것입니다.

요컨대 2:9절의 '엔 테 아나톨레'는 '해가 뜰 때 떠오르는 별' 혹은 '해가 뜨기 직전에 떠오르는 별'로 번역되는 것이 가장 타당합니다. 우리말로는 "동틀 녘에 떠오르는 별"이 적절한 것 같습니다.

프로에겐, 에스타테

마태복음서 기록을 기준으로 행성의 규칙적 운동에 대한 고찰을 해 볼 필요가 있습니다. 우선 관측자가 북반구에서 별을 관찰하였다고 가정하면 관측자에게 행성들은 서쪽 하늘로부터 동쪽 하늘의 방향으로 운동하는 것으로 보였을 것입니다. 여기서 서쪽에서 동쪽 방향으로 운동하는 행성의 운동을 '순행 운동'(prograde motion)이라고 합니다.

그런데 고대에 가장 신비롭고 기이한 현상으로 여겨졌던 행성의 불규칙적 운동이 있었습니다. 먼저 1) 태양이 떠오르기 전에 화성이 먼저 하늘에 떠오르고 2) 화성이 태양의 우측 방향을 향하여 태양의 앞을 지나가고 3) 화성이 태양의 우측에 있다고 가정하겠습니다. 그다음에 관측자에게 화성은 순방향 즉 서쪽에서 동쪽으로 운동하다가 어느 시점부터는 역방향 즉 동쪽에서 서쪽으로 운동하는 것으로 보였습니다. 달리 말하면 화성이 어느 순간 일상적 현상과는 반대로 동쪽으로부터 서쪽을 향하여 행성 운동을 하는 것으로 관찰되었던 것입니다. 이러한 현상은 일종의 기적처럼 여겨졌는데 고대 천문학 내에서 최대의 수수께끼 중 하나에 해당하는 것이었지요. 이러한 행성의 불규칙한 운동의 현상을 '역행 운동(retrograde motion)'이라고 합니다.

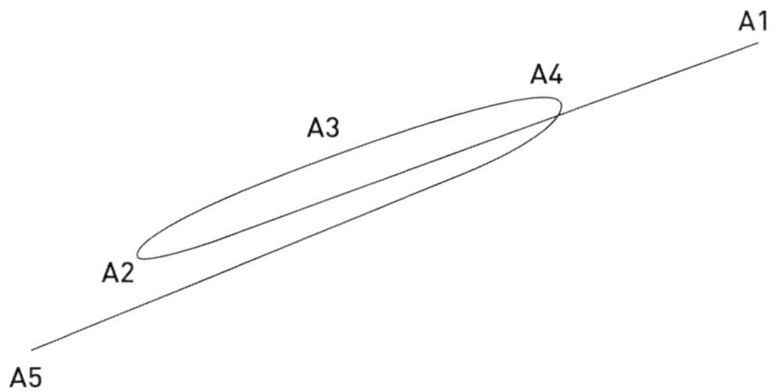

[그림 2] 눈에 보이는 역행 운동의 경로

에우독서스(Eudoxus of Cnidos, c.400-c.350 B.C.)의 천문학과 그 이후의 그리스 천문학자들은 이러한 역행 운동을 설명하기 위해 부단히 노력했습니다. 에우독서스의 천문학 연구는 이미 기원전 4세기부터 역행 운동에 관한 연구가 진행되었다는 것을 잘 보여줍니다. 에우독서스의 천문학은 아리스토텔레스에 의해 발전되었고 프톨레마이오스의 고대 천문학 완성에 영향을 주었는데 이 천문학적 체계와 가치관은 16세기의 코페르니쿠스의 태양 중심적 우주론이 나올 때까지 과학과 신학에서 표준적 세계관으로 작용했습니다. 코페르니쿠스의 과학 혁명 이후 화성의 역행 운동은 실제 역행하는 것이 아니라 지구의 공전 속도가 화성의 공전 속도보다 빨라서 지구의 관측자의 눈에는 역행하는 것으로 보이는 현상임을 깨닫게 되었습니다.

고대의 천문학자가 행성의 위치를 몇 개월 동안 관측한다면 다음과 같은 불규칙한 역행 운동을 발견할 수 있었습니다.

(1) 동쪽으로 향하는 행성 A의 운동이 정지되는 것으로 관측될 때가 있습니다. (정지 운동1)

(2) 그다음, 행성 A가 일정 기간 서쪽으로 역행하는 것으로 관측됩니다. (역행 운동)

(3) 그다음, 행성 A의 운동이 다시 정지되는 현상이 관측됩니다. (정지 운동2)

(4) 그다음, 행성 A가 다시 동쪽으로 향하는 운동을 하는 것으로 관측됩니다. (순행 운동)

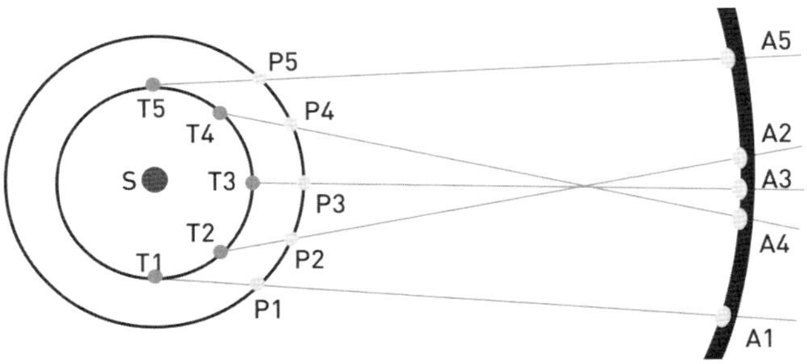

[그림 3] 역행 운동의 원리. 지구T 위치에서 행성 P의 위치를 관측할 때 A의 양상으로 보인다. S는 태양이다.

(2)의 역행 운동을 설명하기 위해 프톨레마이오스는 '프로에구메노이(*proegoumenoi*)' (*Tetrabiblos* 3.11, 3.12)와 '프로에게세이(*proegesei*)'를 사용했습니다(*Tetrabiblos* 3.13, 2.75). 여기서 사용된 용어들은 천문학 전문 용어로 봐야 하는데, 동사는 '프로에게오마이(*proegeomai*)'였습니다. 마태가 사용한 '프로에겐(*proegen*)'과 같은 어원을 가진 어휘임을 알 수 있습니다. 이 말은 행성 A가 어떤 행성 앞으로 가거나 어떤 별자리 앞으로 가는 것을 묘사한 말입니다.[10] 프톨레마이오스가 사용한 '프로에게오마이' 동사는 이미 그 이전의 70인역 성서(LXX)에서도 다음과 같이 사용되었습니다.

> 말을 탄 기사가 … 그들을 앞장서서 갔다 (마카베오하 11:8)

그러므로 마태가 마태복음서 14:22, 21:9, 21:31, 26:32, 28:7에서 사용한 '프로아고(*proago*)' 동사의 용법과 유사함을 알 수 있습니다.

그러나 마태복음서 2:9에서 이 용어가 사용될 때에는 그 주어에 해당하는 명사가 사람을 지칭하는 대명사가 아니고 별(아스테르)을 지칭하는 대명사라는 점이 다릅니다. 별이 술어의 주어로 사용되는 천문학적 구문과 문맥은 사람이 주어로 사용되는 일반적 경우와 다르므로 이 용어가 사람과 사람 사이에 적용될 때의 의미(마태복음서 14:22, 21:9, 21:31, 26:32, 28:7)와 별과 관측자 사이에 적용될 때의 의미(마태복음서 2:9)는 전혀 다르다는 것입니다. 예를 들어 다음 세 가지 문장은 그 의미가 상당히 다르다는 것을 알 수 있습니다.

(i) 동방 박사가 별들(복수 남성 명사)을 앞서간다.

(ii) 그 별이 동방 박사들(복수 남성 명사)을 앞서가다.

(iii) 그 별이 별들(복수 남성 명사)을 앞서가다.

여기서 마태복음서의 문장은 (iii)에 해당하는 것입니다.

또한, 여기서의 별은 동방 박사들이 이미 관측했던 별에 한정되어 있습니다(마태복음서 2:2). 더욱이 성서 이외의 다른 문서들과는 달리 마태는 별이 지상에 근접해 있다는 정보를 전혀 제공하지 않았다는 점을 고려해야만 합니다. 텍스트 내에서 별은 땅 위에 있는 것이 아니라 하늘에 있는 것으로 해석하는 것이 타당합니다. 그러므로 지상에서 앞서가는 별과 천상에서 앞서가는 별은 그 의미가 전혀 다르므로 우리는 이 점을 반드시 인지해야만 합니다.

역행 운동에서 (1)과 (3)의 정지 운동을 설명하기 위해서 프톨레마이오스는 '스테리그모(*sterigmo*)'를 사용하여 '정지 상태'를 표현했습니다(*Tetrabiblos* 2.4, 2.6). '스테리그모'라는 어휘는 천문학 외에도 일반적으로 사용되는 것이었습니다.[11] 그러므로 같은 의미가 있는 다른 일반 어휘로 대체할 수 있었습니다. 예를 들어 마태복음서 2:9에 사용되었던 '에스타테(*estathe*)'는 해가 '일정한 지점의 너머로 지다.' 혹은 '그 지점의 뒤로 넘어간다'라는 천문학적 언어로 사용되기도 하였습니다(C. Ruggles, *Ancient Astronomy*).

요컨대 마태는 별의 움직임에 대하여 다음과 같이 짝을 지어 표현하면서 그 정확한 의미를 전달하고자 했던 것입니다.

(1) 프로에겐 (마태복음서 2:9) : 역행 운동 표현
(2) 에스타테 (마태복음서 2:9) : 정지 운동 표현

여기서 (1)은 해 뜰 녘에 떠오르는 별의 역행 운동을 표현한 것이었고 (2)는 아기(파이디온)가 있는 곳 위 하늘에서의 별의 정지 운동을 표현한 것이었습니다. 2:9에서 아기가 있는 곳의 위 지점은 역행 운동의 '정지점'(stationary point)을 의미했는데 텍스트 내에서는 별이 역행 운동 후 일정한 정지점에 도달했다는 것을 보여주었습니다.[12] 역행 운동에서 별의 멈춤을 강조한다면 아기가 있는 곳의 위에 '멈추어 서다' 정도로 번역할 수 있는 반면에 별의 머무름을 강조한다면 아기가 있는 곳 위에 '머물러 있다' 정도로 번역할 수 있습니다.

역행 운동과 정지 운동을 묘사한 마태는 관측자와 별 사이의 측정 관계를 잘 표현하고 있었습니다. 그러므로 별의 운동에 관한 서술의 일관성을 잘 유지했습니다. 마태의 언어는 지상의 관측자가 볼 수 있는 천상의 별의 두 가지 운동을 의미하는 것이지요.

새로운 해석과 새로운 번역

현대의 과학자들은 프톨레마이오스를 단지 점성술사라고 낮추어 부르지 않고 고대의 위대한 천문학자라고 부릅니다. 왜냐하면, 그들은 프톨레마이오스를 고대의 수학적 천문학을 정립한 위대한 과학자로 평가하고 있기 때문입니다. 그 영향을 받아 일반인들도 프톨레마이오스를 고대의 천문학자로 이해하고 있고 또 그렇게 부르는 일에 익숙합니다. 이와 같은 관점에서 마태복음서의 동방 박사들도 단지 점성술사로 표현하기보다는 고대 천문학자로 표현하고 이해하는 것이 타당

합니다.

고대 천문학의 언어를 사용했던 마태의 과학 신학을 새롭게 해석하면서 우리는 다음의 의미를 발견할 수 있습니다.

(1) '엔 테 아나톨레'는 '동틀 녘에 떠오르는'으로 해석되고 번역될 수 있습니다.
(2) '프로에겐'은 '역행 운동'으로 해석되고 번역될 수 있습니다.
(3) '에스타테'는 '정지 운동'으로 해석되고 번역될 수 있습니다.

끝으로 마태의 과학 신학에 비추어 텍스트를 번역해보면 다음과 같습니다.

> 천문학자들이 관측했던 동틀 녘에 떠오르는 별이, 천문학자들 앞에서 역행 운동을 하다가, 아기가 있는 곳 위에 이르러서 정지 운동을 하였다. (마태복음서 2:9)

Ⅱ

중세의 과학 신학

4

신의 창조와 진화, 아우구스티누스의 과학 신학

> 적절한 때가 되면 존재하는 만물에는 종류에 따라 종말과 소멸뿐만 아니라 발생과 발달도 있습니다. (『창세기의 저자가 의도한 의미(*De Genesi ad litteram*)』(401-415) 9.17.32)

아우구스티누스(Augustinus 354-430)의 창조 신학은 과학적 진화와 양립할 수 있는 것일까요? 아우구스티누스에 의하면 창조는 신의 의지의 활동인데 신의 의지는 완전과 선을 의미하고 신의 활동은 영원과 자유를 의미했습니다(*De Genesi ad litteram* 1.5.11, 2.6.14).

동시 창조와 연속 창조

아우구스티누스는 구약 성서 창세기의 창조 이야기를 다루면서 논리적으로 충돌 가능성이 있는 다음의 두 가지 사건에 주목했습니다.

(1) 만물이 동시적으로 창조되는 사건

(2) 일부가 연속적으로 창조되는 사건

창세기 내에는 (1)동시 창조와 (2)연속 창조 사이의 불일치 문제가 등장합니다. 이에 대하여 아우구스티누스는 생물학적 변화의 모델을 통하여 해결을 시도했습니다(*De Genesi ad litteram* 6.6.11; *De civitate Dei* 12.25; *De Trinitate* 3.9.16). 여기서 말하는 아우구스티누스의 생물학적 변화의 모델이란 씨앗이 발아하고 성장하여 나무가 되는 모델을 뜻하는데, 이 모델이 가진 법칙을 '씨앗 법칙(*rationes seminales*)'이라고 불렀습니다.[13]

아우구스티누스는 씨앗 법칙에 따라서 창세기 2:4-7을 주석하면서 두 가지 창조 이야기 사이에 논리적 모순이 없음을 증명하려고 노력했습니다(*De Genesi ad litteram* 제5권). 아우구스티누스에 의하면 신께서 태초에 만물을 창조하면서 (1)일부는 '가능 상태'로 창조하셨습니다. 이것은 '가능 상태'가 적절한 시간과 환경에 맞게 '실현 상태'가 될 수 있도록 허락된 것을 의미합니다(*De Genesi ad litteram* 5.4.9). 말하자면 특정한 시간과 조건을 통해서 가능 상태의 씨앗이 그 완성된 존재를 실현할 수 있다는 것이지요. 아우구스티누스는 이러한 실현의 과정을 신의 섭리로 해석했습니다(*De Genesi ad litteram* 5.22. 43).

신은 만물을 동시에 창조하였습니다(*De Genesi ad litteram* 1.15.29, 4.33.52, 5.1.1, 5.3.5). 만물의 '존재'는 동시에 허락된 것이었습니다. 이 기원 창조(original creation)는 선재하는 물질 없이 이루어진 창조인데, 신 외에 그 어떤 것도 없이 이루어진 창조를 뜻합니다. 이를 '무로부터의 창조(*creatio ex nihilo*)'라고 부르는데 무로부터 만물을 동시에 창조했다는 것은 '점'(point)의 모델에 해당될 수 있습니다(현우식, 『과학으로 기독교 새로 보기』).

기원 창조로서의 동시 창조는 시간 t_α (여기에서 t는 시간을 나타내고, α는 처음을 표현)에서의 창조 사건 $Creation(t_\alpha)$으로 표현될 수 있습니다. 아우구스티누스에게 동시 창조 $Creation(t_\alpha)$는 창조의 존재론을 의미하는데 동시 창조$Creation(t_\alpha)$에서 시간도 함께 창조되었지요.

> 세계는 시간 안에서 창조된 것이 아니라, 시간과 함께 창조되었습니다. (*De civitate Dei* 11.6)

신은 다양한 종의 '창발'을 위해 때와 관련하여 연속적으로 창조하였습니다.[14] 신의 창조 활동은 계속되고 있으며(*De Genesi ad litteram* 5.11.27-28, 5.23.44-45), 연속 창조의 법칙에 해당되는 것이 바로 씨앗 법칙(*rationes seminales*)이었습니다(*De Genesi ad litteram* 6.10.17-6.11. 19).

> 씨앗은, 충분한 시간이 지나서 창발하기 전에, 땅과 물이 '잠재적으로 그리고 인과적으로(*potentialiter atque causaliter*)' 생성해 낼 수 있는 것을 포함하고 있습니다. 땅과 물이 생성해 내는 것은 신께서 연속해서 지금까지 일하시는 활동(요한복음서 5:17) 속에서 우리에게 현재 알려진 것들입니다. (*De Genesi ad litteram* 5. 23. 45)

아우구스티누스는 여기서 세 가지 (1)잠재성(가능성), (2)인과성, (3) 연속성을 강조하고 있습니다. 씨앗 법칙을 통해서 동시 창조는 연속 창조와 통합적으로 이해될 수 있습니다. 무로부터의 창조의 모델(*creatio ex nihilo*)이 '창조의 완전성'을 보여준다면, 씨앗 법칙을 통한 연속 창조의 모델(*creatio continua*)은 '창조의 자유성'을 보여줍니다.[15] 무로부터의 창조의 모델이 창조의 '존재론적 모델'이라면, 씨앗 법칙은 창조의 '인식론적 모델'입니다.

태초에 신은 세계를 지으시고 동시에 만물을 창조하셨습니다. 이 만물은 다가올 시대에 펼쳐질 것들이었습니다. 때가 되면 만물 내부의 적합한 본성에 의해서 만물이 임무를 성취한다는 점에서 만물은 완전합니다. (*De Genesi ad litteram* 6.11.18)

그러므로 창조물을 통하여 진행되는 창조는 어떤 과정을 포함하고 있습니다. 이런 창조의 모델은 '연속창조(*creatio continua*)'를 의미하는데 여기서 연속 창조는 점이 아니라 '선'(line)의 모델에 해당될 수 있습니다(현우식, 『과학으로 기독교 새로 보기』). 연속 창조의 시간 스케일은 다음과 같습니다.

$$t_\alpha \xrightarrow{past} t_p \xrightarrow{future} t_\omega$$

여기서, t는 시간을 나타내고, α는 처음, p는 현재, ω는 마지막을 표현합니다.[16] 그러므로 연속 창조의 사건은 $Creation(t_i)$로 표현될 수 있는데(i는 시간의 변수를 표시), 연속 창조의 사건은 다음의 시간 스케일을 포함합니다.

$$Creatio(t_\alpha) \xrightarrow{past} Creation(t_p) \xrightarrow{future} Creation(t_\omega)$$

아우구스티누스는 모든 씨앗이 기원 창조 사건 $Creation(t_\alpha)$ 에 포함된다고 전제했습니다.

신은 충분한 시간이 지난 후 땅에 실현될 것을 이미, 시간의 뿌리라고 부를 수 있는, 처음에 창조하셨습니다. (*De Genesi ad litteram* 5.4.11)

시간의 뿌리 t_α에 모든 씨앗은 창조되었습니다. 이 때 창조된 씨앗은 (i)실현 상태의 씨앗과 (ii)내부에 잠재된 가능 상태의 씨앗 두 가지로 존재합니다. 가능 상태의 씨앗은 적절한 때에 창발하는데 여기서 씨앗의 잠재성과 가능성은 자연에 주어진 능력이었습니다.

씨앗 법칙은 자연에 내장되어 있었습니다. 신이 창조한 시간이 지남에 따라 씨앗이 실현되는 사건은 자연에 부여된 자유성과 다양성을 함의했습니다. 그러나 씨앗 법칙이 곧 자연 자체가 될 수는 없지요. 그러므로 창발적 원인으로서의 씨앗 법칙도 신의 뜻과 신의 연속적 활동에 포함되는 것입니다.

신의 창조는 동시 창조 그리고 연속 창조입니다(*De Genesi ad litteram* 6.10.17-19). 만물은 동시에 그리고 연속적으로 창조되었습니다. 가능성(potentiality)의 기준에서 보면 만물은 동시에 창조된 것이지만, 실현성(actuality)의 기준에서 보면 만물은 동시에 창조된 것이 아닙니다. 달리 말해서 잠재되어 있고 보이지 않는 씨앗의 기준으로 보면 만물은 동시에 창조된 것이지만, 씨앗의 창발을 기준으로 보면 만물은 동시에 창조된 것이 아닙니다. 여기서 아우구스티누스는 동시 창조의 모델과 씨앗 법칙의 모델을 결합하고 있었습니다. 동시 창조에는 인과 법칙이 필요하지 않으므로 인과 법칙은 곧 씨앗 법칙을 의미했습니다.

> 만물은 원소들이 이루는 잘 짜인 구조 속에 원초적으로 또한 본원적으로(*originaliter ac primordialiter*) 모두 창조되어 있다가 적절한 기회를 만나서 창발하는 것입니다. 어미들이 태아들을 잉태하고 있듯이 세계 자체가 출생하는 것들의 원인을 잉태하고 있습니다. (*De Trinitate* 3.9.16)

따라서 아우구스티누스의 창조 신학 내에서 신은 태초에 만물을 동시에 창조하신 창조주이며 시간 속에서 모든 새로운 존재를 연속적으로 창조하시는 창조주입니다(*De Genesi ad litteram* 6.10.17-6.11.19, 6.14.25-6.15.26, *De Trinitate* 3.8.13-3.9.16,).

'씨앗 법칙(*rationes seminales*)'은 새로운 변화를 위한 신의 '자연 법칙(*naturales leges*)'이었습니다(*De Genesi ad litteram* 9.17.32).

(1) 씨앗 법칙은 자연의 '인과 법칙(*rationes causales*)'을 만족합니다. 씨앗은 인과의 법칙에서 원인을 표상하는데 인과의 법칙으로 보면 이미 만물의 내부에 존재하지 않은 것은 아무것도 없었습니다(*De Genesi ad litteram* 6.11.18).

> 성서에 따르면 땅이 풀과 나무가 원인에 의해 인과적으로(*causaliter*) 풀과 나무를 냈습니다. 즉 땅이 풀과 나무를 만들어내는 힘을 받았다는 것입니다. (*De Genesi ad litteram* 5.4.11)

인과 법칙으로서의 씨앗 법칙은 최초의 인과 법칙으로부터 최후의 인과 법칙까지를 표상하는데 씨앗 법칙 내에서 모든 자연 법칙과 최초의 인과 법칙은 하나로 해석되었습니다(*De Trinitate* 3.9.16).

(2) 씨앗 법칙은 '가능성 법칙'(potentiality principle)입니다. 씨앗 법칙은 가능 상태로부터 실현 상태까지 포괄하는 법칙이므로 무생물의 가능 상태에도 적용될 수 있습니다. 말하자면 씨앗 법칙은 단지 생명체에만 적용되는 법칙이라기보다는 물리적 대상과 화학적 대상에게까지 적용할 수 있는 거시적인 변화와 진화를 설명하는 자연 법칙에 상응하는 것이지요.

> 만물은 시작된 것입니다. 만물 안에는 씨앗이 존재합니다. 말하자면, 미래에 완성되는 씨앗들은 감추어진 상태로부터 발현하게 될 것이고, 적절한 때에 출현하게 될 것입니다. (*De Genesi ad litteram* 6.11.18)

아우구스티누스는 생명의 씨앗 법칙을 설명하면서 '잠재되어 있는 수'의 개념을 사용했습니다.

> 어떤 것은 생명체 전체의 '잠재되어 있는 수'(*latentes numeri*)를 받아서 후손으로 발생합니다. (*De vera religione* 11. 74)

여기서 씨앗 법칙은 곧 잠재되어 있는 수의 법칙으로 설명될 수 있는데, 씨앗은 창조물에 내장되어 있고 잠재되어 있는 것입니다. 따라서 씨앗은 비가시적인 대상을 표상하고 있으며 그 법칙은 자연 내에 보이지 않는 수의 법칙으로도 이해될 수 있습니다. 왜냐하면, 아우구스티누스는 수를 통해서 우주의 질서는 이해할 수 있다고 보았기 때문입니다.

> 자연 본성의 내밀한 심층부에 내포되어 잠재하고 있던 것들이 어느 모양으로 분출되고 밖으로 창조되는 것입니다. 그리하여 측량과 수와 무게에 따라 모든 것을 처리하신 분에게서 비밀리에 받았던 자기 고유한 척도와 수와 무게를 펼치는 것입니다. (*De Trinitate* 3.9.16)

아우구스티누스는 지혜서 11:20을 인용하며[17] 신이 세계에 부여한 질서를 해석하였습니다(*De Genesi ad litteram* 1.16.26; *De Civitate Dei* 11.30, 12.4. 19, 11.16; *Confessione* 7.14.20). 그는 신의 창조에 사용된 질서는 수를 통하여 세계에 부여되므로 그 씨앗을 '씨앗의 수(*seminum numeri*)'라고 설명했습니다(*De vera religione* 29.52). 여기서 씨앗의 수는 물체의 잠재된 가능성을 의미했습니다.
아우구스티누스는 물체의 '형상(*forma*)'을 보이지 않는 '수'로부터 도출되는 결과라고 보았습니다.[18] 그러므로 물체의 형상은 수를 통해서 존재를 가진다는 것이었습니다(*De libero arbitrio* 2.16.42).[19] 말하자면 씨앗의 형상이 숨겨진 수였다면 물체는 드러난 수였습니다.

> 하늘과 땅, 바다, 그리고 그 안에 있는 것들을 바라보십시오. 저 위에서 반짝이는 것이든지 그 아래에서 기어 다니거나 날아다니거나 헤엄쳐 다니는 것들을 바라보십시오. 그들이 '형상'(*forma*)을 지닌 것은 다름 아닌 '수'(*numeros*)를 지녔기 때문입니다. 그들에게서 형상과 수를 제거해 보십시오. 그들은 무가 될 것입니다. 그러므로 수를 주신 분에게서가 아니면 누구에게서 존재를 받았겠습니까? (*De libero arbitrio* 2.16.42)

아우구스티누스의 창조 신학에 따르면 창조물이 발생하고 변화하는 과정은 '잠재된 비밀의 수'가 지닌 질서에 따라서 일어나는 것입니다. 그리고 잠재된 비밀의 수는 '수로서의 씨앗'이자 '씨앗으로서의 수'를 의미하는데 씨앗은 우주의 실재에 대한 수학적 상징이었습니다. 수는 보이지 않는 세계와 보이는 세계를 모두 알려주는 씨앗의 법칙과 연결되어 있었습니다.

아우구스티누스는 씨앗 법칙에 따라서 인류를 설명하였습니다. 그는 아담과 이브의 탄생에 관하여 씨앗 법칙을 적용하여 해석하는데(*De Genesi ad litteram* 9.17.32). 그리고 모든 인류는 아담 안에 씨앗의 형태로 잠재되어 있다고 보았습니다(*De civitate Dei* 13.14, 22.24). 그렇다면 여기서 아담은 인간의 집합(Set) 개념에 대응되지만, 개체 인간들은 집합의 개별 원소(elements) 개념에 대응됩니다. 발현된 개체 인간들이 있으나 아직 발현되지 않은 개체 인간들이 있다는 것입니다. 그런데도 모든 개체 인간들은 아담이라는 집합 내에 이미 씨앗의 형태로 존재하고 있는 것입니다. 그러므로 아우구스티누스는 이러한 씨앗 법칙과 논리에 근거해서 모든 인간의 '원죄'를 주장할 수 있었지요.

아우구스티누스의 씨앗 법칙은 신이 창조하신 우주의 '변화의 법칙'을 함의했는데(*De Genesi ad litteram* 5.7.20) 신이 창조한 세계는 씨앗 법칙을 통하여 실현되는 새로운 변화의 시스템이었습니다.

> 씨앗 속에는 때가 되고 적합한 질서에 따라서 나무가 될 모든 구성 요소들이 보이지는 않지만 동시에 존재하고 있었습니다. 신이 만물을 동시에 창조하셨을 때, 세상은 씨앗 안에 그리고 씨앗과 함께 만들어진 만물을 동시에 가지고 있었습니다.(*De Genesi ad litteram* 5. 23. 45)

여기서 씨앗 모델은 다음 도식과 같이 해석될 수 있습니다.

$$\text{씨앗} \xrightarrow{\text{변화}} \text{나무}$$

$$\text{가능상태} \xrightarrow{\text{변화}} \text{실현상태}$$

(1)씨앗은 신의 창조물로 정의됩니다. (2)나무는 신의 창조물로 정의됩니다. 그리고 모든 생명체의 가능 상태와 생명체의 실현 상태는 신의 창조로 생성됩니다. (3)씨앗에서 나무가 되는 '변화'의 과정도 신의 창조로 정의되었습니다. 아우구스티누스는 씨앗으로부터 나무로의 변화의 관계도 신의 창조 작품으로 정의하고 있었습니다.

이러한 씨앗 법칙을 종에 적용하여 도식화하면 다음과 같습니다.

$$\text{종의 가능상태} \xrightarrow{\text{변화}} \text{종의 실현상태}$$

(1) 종의 가능 상태는 신의 창조 사건으로 정의됩니다. (2) 종의 실현 상태도 신의 창조 사건으로 정의됩니다. (3) 모든 변화는 신의 창조 사건으로 정의됩니다. 바로 이 점이 아우구스티누스의 새로운 해석이지요.

다윈의 진화 개념은 변화의 일부에 속하는 것입니다. 그러므로 다윈의 진화는 논리적으로 아우구스티누스의 변화 시스템 내에 포함될 수 있습니다. 사실 다윈의 『종의 기원(1859)』 초판에는 '진화'(evolution)란 단어가 나오지 않았지만[20] 창조(creation)라는 단어와 이에 상응하는 단어가 100회 이상 등장한다는 점에도 주목할 필요가 있습니다. 다윈은 『종의 기원(6판)』 제15장 요약과 결론에서 자신의 견해가 어떤 사람의 종교적인 감정에 충격을 주는 이유를 인정할 수 없다고 밝혔습니다. 말하자면 진화적 변화에 대한 과학적 이론이 종교적 무신론을 주장한다는 연관성을 인정하지 않았던 것입니다.

또한, 다윈이 생각하기에, 신께서 소수의 기원적 형상을 창조하여서 그 형상들이 자기 전개의 능력을 갖추고 다른 필요한 형상으로 바뀔 수 있다고 믿는 것은 신께서 신의 법칙에 따른 행동으로 생기는 부족함을 보충하기 위해서 새로운 창조의 행동을 하여야만 한다고 믿는 것만큼이나 고상한 것이었습니다. 다윈은 기적에 의한 창조를 지지하지 않았습니다만 법칙에 의한 창조를 지지했다고 할 수 있지요. 다윈이 창조주와 창조 사건을 부정하지 않았다는 점에 비추어 볼 때 자연선택의 법칙이 무신론을 함의하지 않는다는 다윈의 주장은 타당한 것이었습니다.

아우구스티누스의 창조 신학에 나타나는 창조주와 창조 사건에 대한 견해와 다윈의 창조주와 창조 사건에 대한 견해 사이에는 논리적으로 공유되는 지점이 있습니다. 예를 들어 다윈은 생명체의 생성과 소멸에 대한 자연선택의 법칙을 창조주(Creator)가 물질 속에 새겨 놓은 법칙과 연결한 바가 있었습니다. 이러한 점에서 보면, 아우구스티누스의 진화 신학은 다윈의 진화 과학의 논리적 씨앗이었습니다.

> 작은 창조물에 대하여 말하자면, … 처음부터 모든 생명체 내에 자연적인 힘이 있었습니다. … 각각은 종에 따라 그리고 특별한 속성에 따라 … 후에 나타나

게 될 동물들의 씨앗 법칙과 이러한 신체가 섞여 있었습니다. (*De Genesi ad litteram* 3.14.22)

창조와 진화 사이

우리가 아우구스티누스(Aurelius Augustinus, 354-430)가 없는 창조 신학을 상상할 수 없듯이, 다윈(Charles Darwin, 1809-1882)이 없는 진화 과학을 상상할 수 없을 것입니다. 다윈의 『종의 기원』(*On the Origin of the Species by Means of Natural Selection*, 1859)이 나온 이후 현재까지 진행되고 있는 생물학과 신학 사이에서 벌어지고 있는 상호작용에는 대화에서 갈등까지의 매우 다양한 양상이 포함되어 있습니다.

과학 전체의 영역 내에서 진화는 변화에 포함되는 하위 개념으로 정의됩니다.[21] 그러므로 변화 내에는 물리학적 변화, 화학적 변화, 생물학적 변화, 문화적 변화, 인공적 변화, 영적 변화 등이 모두 포함되는 것이지요. 그 가운데 진화는 일정한 조건을 만족하는 변화로 정의될 수 있습니다.[22] 예를 들어 다윈이 말하는 진화의 정의는 자연선택에 의한 '수정을 동반하는 상속'(descent with modification)을 만족하는 생물학적 변화에만 해당한다고 보면 충분합니다.

다윈의 진화 개념에 대한 그리스도교 세계와 신학계의 반응은 다음과 같이 크게 세 가지 입장으로 요약될 수 있습니다.

(1) '반진화 창조 신학': 진화의 개념을 반대하는 창조 신학
(2) '비진화 창조 신학': 진화의 개념을 신학의 영역 외부로 분리하는 창조 신학
(3) '친진화 창조 신학': 진화의 개념을 수용하는 창조 신학

여기서 (1) '반진화 창조 신학'은 어떠한 형태의 다윈주의나 진화 개념도 반대하는 주장을 의미합니다. 이 입장에서는 진화를 허용하는 것은 유신론에 대한 공격 다시 말해서 무신론과 직결된다는 전제를 하고 있으므로 진화 개념은 제거의 대상일 뿐입니다. 예를 들어 다윈 시대의 윌버포스(Samuel Wilberforce), 20세기의 베히(Michael Behe), 뎀스키(William Dembski) 등과 그 입장을 동의하는 학자들은 반진화 창조 신학에 속합니다.

(2) '비진화 창조 신학'은 과학의 영역과 신학의 영역을 철저히 분리하는데 진화의 개념은 신학과는 무관한 것으로 간주하는 주장을 말합니다. 그러므로 이 입장에서 보면 진화에 대한 반대나 진화에 대한 찬성은 마찬가지로 서로에게 의미가 없는 시도로 해석됩니다. 왜냐하면, 과학적 진화는 신학적 진화와 무관한 것으로 여기기 때문이지요. 예를 들어 20세기의 바르트(Karl Barth), 길키(Langdon Gilkey) 등과 그 입장을 동의하는 학자들은 비진화 창조 신학에 속합니다.

(3) '친진화 창조 신학'은 과학적 진화의 개념을 신학적 관점에서 수용하는 주장을 말합니다. 예를 들어 다윈 시대의 킹슬리(Charles Kingsley), 마이바트(St. George Mivart), 고어(Charles Gore), 20세기의 루이스 (C. S. Lewis), 테이야르 드 샤르댕(Pierre Teihard de Chardin), 화이트헤드(Alfred North Whitehead), 폴킹혼(John Polkinghorne), 피코크(Arthur Peacocke), 판넨베르크(Wolfhart Pannenberg), 호트(John Haught), 롤스톤 3세(Holmes Rolston III), 드레이스(Willem Drees), 맥그라스(Alister McGrath) 등이 친진화 창조 신학에 속합니다. 현재 로마 가톨릭 교회의 공식 입장도 친진화 창조신학에 포함됩니다. 1992년 10월 22일 교황 요한 바오로 2세가 교황청 과학원에서의 연설(Pope John Paul II, "Message to the Pontifical Academy of Sciences")을 통해 생물학적 진화에 대한 이

론을 수용한다고 공식적으로 선포했기 때문입니다.

아우구스티누스가 살아 있다면? 그는 진화의 문제에 대하여 어떤 반응을 보였을까요? 앞에서 살펴 본 바에 의하면 아우구스티누스는 (1) '반진화 창조 신학'과 (2) '비진화 창조 신학'에 동의하지 않을 것입니다. 그렇다면 (3) '친진화 창조 신학'을 주장할 가능성이 크다고 볼 수 있지요.

(1) 아우구스티누스의 창조 신학은 (1) '반진화 창조 신학'에 속할 수 없습니다. 반진화 창조 신학자들이 공통으로 주장하는 내용이 있는데 144시간 내의 창조론과 젊은 지구 창조론/늙은 지구 창조론입니다. 문자 그대로 창조는 6일 즉 24시간이 여섯 번 곱해진 144시간 동안 창조가 이루어졌으며, 따라서 지구의 나이는 6천년(젊은 지구 창조론)이거나 1만 년(늙은 지구 창조론)에 해당한다는 주장입니다. 그러나 아우구스티누스의 창조 신학과 성서해석은 반진화 창조 신학자들의 주장에 동의하지 않지요. 왜냐하면, 6일의 창조에 대한 해석과 관련하여 아우구스티누스는 『신국론(*De civitate Dei*)』(413-427)에서 다음과 같이 결론을 내린 바 있었기 때문입니다.

> 가변적 운동을 가리켜 최초의 6일 혹은 7일이라는 저 순서가 나온 것으로 보입니다. 날마다 아침과 저녁이 언급됩니다. 신이 이 6일 동안 만든 모든 것이 제6일에 완성됩니다. 그리고 제7일에는 크나큰 신비를 담고 있는 신의 휴식이 언급되고 있습니다. 6일 혹은 7일이 어떤 양상을 갖는지 우리가 생각하기 불가능할 정도로 어려우며 말로 표현하기는 더욱 어렵습니다. (*De civitate Dei* 11.6).

아우구스티누스는 『창세기의 저자가 의도한 의미(*De Genesi ad litteram*)』(401-415)에서 6일의 창조에 대하여 자신의 고유한 해석을 제공하고 있었습니다. 사실 *De Genesi ad litteram*라는 제목은 '창세기의 문자적 의미'로 번역되기도 하지만 이 저작을 통해 아우구스티누스는 문자적 이해를 반대하고 은유적 해석을 주장하며 '저자(신)가 의도한 의미'를 발견해야 한다는 메시지를 강조하고 있으므로 창세기의 저자가 의도한 의미라는 뜻으로 이해하는 것이 필요합니다.[23]

창조 이야기에 나오는 수 6은 완전성을 의미합니다(*De Genesi ad litteram* 4.2.2-6). 아우구스티누스는 어떤 수의 약수가 존재하고 약수의 곱과 약수의 합이 일치될 때 그 수를 '완전수'(perfect number)라고 정의했는데(*De Genesi ad litteram* 4.7.14, *De Trinitate* 4.4.7) 6은 완전수의 조건을 만족했습니다.[24] 그러므로 창조의 6일에서 말하는 것은 신이 모든 일을 완전하게 하셨다는 것을 뜻하는 것이었습니다. 아우구스티누스는 6이란 수가 창조의 완전성을 의미하는 은유적 표현이라고 해석했습니다.

창조 이야기 안에서 밤은 완성을 의미하고 아침은 시작을 의미했습니다(*De Genesi ad litteram* 4.1.1). 그러므로 밤이 없는 것으로 묘사된 제7일이란 영원히 해가 지지 않는 시간을 의미했다는 것이지요. 아우구스티누스는 제7일이 신의 거룩한 날이 영원히 지속됨을 은유적으로 보여주는 것이라고 해석했습니다(*Confessione* 13.36).

요컨대, 창세기에서 창조의 완전성을 의미하는 6일이란 표현은 태양의 존재를 전제로 하는 태양계의 6일과는 같을 수 없었습니다. 왜냐하면, 태양은 제4일로 표현되는 기간에 창조되었기 때문이지요. 창조의 6일은 문자적 해석이 아니라 은유적 방법으로 해석되어야 한다는 아우구스티누스의 주장은 매우 타당합니다(*De Genesi ad litteram* 4.33.52, *Confessiones* 13.29.44). 특히, 시간의 문제에 대한 아우구스티누스의 유명한 결론은 한마디로 시간에 대한 존재론적 긍정과 인식론적 부정이었습니다(*Confessiones* 11.14.17).[25] 시간은 실재하지만 시간에 대하여 완벽하게 인지할 수 없다는 것이지요. 아우구스티누스에게 창세기 1장에 대한 올바른 해석은 늘 어려운 것이었으며 다양한 해석이 가능하므로 언제나 철저하게 개방적인 주석 작업이 강조되었습니다(*De Genesi ad litteram* 2.18.38).

(2) 아우구스티누스의 창조 신학은 (2) '비진화 창조 신학'에 속할 수 없습니다. 왜냐하면, 아우구스티누스는 과학적 지식과 성서 해석의 격리를 반대하고 건설적 상호작용을 강조하기 때문입니다.

> 지구에 관한 지식, 하늘에 관한 지식, 세계의 다른 원소들에 관한 지식, 운동과 회전에 관한 지식, 일식과 월식 예측, 년과 계절의 주기에 관한 지식, 동물과 식물과 광물 외에 모든 종류의 것들에 관한 지식이 있습니다.
> 그리스도교 교인이 아닌 사람들조차도 이런 지식을 과학적 논증(*certissima ratio*)과 실험(*experientia*)을 통하여 확실한 것으로 입증할 수 있다고 알고 있습니다. 현재 그리스도교인들이 성서의 의미를 전달한다고 하면서도 이러한 주제들에 대하여 무지를 드러내는 것은 수치스럽고 위험한 일입니다. 우리는 모든 수단을 마련하여 그리스도교인이 무시당하거나 조롱을 당하는 상황을 방지해야 합니다. (*De Genesi ad litteram* 1.19.39)

아우구스티누스가 살아 있다면 그리스도교 교인이 아닌 사람들조차도 알고 있는 진화라는 과학적 지식은 그리스도교인으로서 반드시 알고 있어야 할 내용에 포함된다고 할 것인데 진화에 대하여 무지를 드러내는 것은 수치스럽고 위험한 일이 될 수 있다고 할 것입니다. 여기서 아우구스티누스가 성서 해석을 위해서 강조하는 과학적 논증(*certissiam ratio*)과 실험(*experientia*)은 그의 과학 신학적 전제에 해당했지요. 예를 들어 아우구스티누스는 시각에 대한 당시의 과학적 이론을 활용하여 태양이 존재하기 이전의 낮과 밤에 대하여 주석하기도 했습니다(창세기 1:2).

> 우리의 눈에서 나오는 광선의 방출은 어떤 빛의 방출입니다. 우리가 눈 가까이 있는 것을 관찰할 때, 빛의 방출은 감소합니다. 그러나 멀리 떨어져 있는 것을 같은 방식으로 관찰할 때, 빛은 방출됩니다. … 그러나 우리의 눈에 있는 빛은 미약하므로 외부의 빛의 도움이 없으면 우리는 아무것도 볼 수 없습니다. 그리고 외부의 빛과 구별되기 어려우므로, 빛이 낮 속으로 방출되고, 빛의 방출이 밤 속으로 감소하는 것이 증명될 수 있는 예를 발견하기가 어렵습니다. (*De Genesi ad litteram* 1.16.31)

시각은 아우구스티누스에게 인지의 모델을 의미하기도 합니다. 그래서 아우구스티누스의 해석에 의하면 우리가 어떤 대상을 인지한다는 것은 관찰자의 눈에서 빛이 방출되어 대상에 접촉되고 그 반사된 값이 시각의 감각으로 돌아오는 과정으로 이루어지는 것과 같다는 것입니다.

널리 알려진 바와 같이 아우구스티누스는 마다우라와 카르타고에서 체계적인 교육을 받았습니다.

> 저는 교양 학문의 모든 책을 구하여 읽고 혼자의 힘으로 이해할 수 있었습니다. … 주님, 당신이 아시는 대로 저는 수사학, 논리학, 기하학, 음악, 산술학에 관한 모든 것을 다른 사람들의 도움을 받지 않고도 별 어려움 없이 다 이해하였습니다. (*Confessiones* 4.16)

아우구스티누스가 훈련받은 교육시스템은 수학 영역과 언어 영역으로 구성되어 있었습니다.[26] 여기서 수학 교과(mathematical arts)란 기하학, 산술학, 천문학, 음악으로 구성되어 있고, 언어교과(verbal arts)란 문법, 수사학, 논리학으로 구성되어 있었습니다. 여기서 수학 교과를 4교과(*quadrivium*)라고 불렀고, 언어 교과를 3교과(*trivium*)라고 불렀습니다.[27] 교양 학문(liberal arts)이란 수학과 언어의 교과 영역을 합한 7개의 과목을 말하는 것이었습니다. 아우구스티누스는 이교도들의 과학 지식을 제거하거나 거부하지 않았습니다. 오히려 그는 이교도들의 과학 지식도 취사선택하고 적극적으로 활용하여 그리스도교의 새로운 신학 지식을 창출해내었지요. 그래서 그는 자연 신학과 성서 해석학을 완성하기 위해서 수학적 지식과 생물학적 모델을 사용했던 것입니다.

아우구스티누스 사상의 중요성은 신학 분야뿐만 아니라 과학 분야에서도 찾아볼 수 있습니다. 예를 들어 시간에 대한 아우구스티누스의 창의적 해석은 현대 빅뱅 우주론을 연구하는 과학자들에 의해서 곳곳에서 인용되고 있습니다(S. Hawking & L. Mlodinow, *The Grand Design*). 아우구스티누스는 시간도 신에 의해 창조된 것으로 정의하기 때문에 창조 사건 '그 이전의 시간'이란 논리적으로 존재할 수 없다고 주장했습니다. 아우구스티누스는 창조 이전의 시간과 관련된 모든 질문 즉 창조 이전의 사건에 대한 과학적 질문과 신학적 문제 자체가 성립될 수 없다는 논리적 결론을 이미 증명했던 것입니다.

창조와 진화의 과학 신학

이상에서 살펴 본 바와 같이 아우구스티누스의 신학적 입장은 (1) '반진화 창조 신학'과 (2) '비진화 창조 신학'과 양립할 수 없습니다. 그렇다면 아우구스티누스의 창조 신학은 (3) '친진화 창조 신학'과 양립할 수 있을까요?

아우구스티누스의 신학은 현대의 진화 과학과 상호작용을 할 수 있도록 창조의 교리와 모델을 제공했습니다. 아우구스티누스의 창조 신학은 (1)동시 창조와 (2)연속 창조의 두 가지 설명의 모델을 포함하고 있는 하나의 체계를 보여주었습니다. 그에 의하면 만물은 동시에 그리고 연속적으로 창조되었습니다. 가능성(potentiality)의 기준에서 보면 만물은 동시에 창조된 것이지만 실현성(actuality)의 기준에서 보면 만물은 동시에 창조된 것이 아니라는 것입니다.

아우구스티누스는 동시 창조와 연속 창조를 연결하는 논리적 장치로 씨앗 법칙(*rationes seminales*)을 주장했는데 씨앗 법칙은 창조의 인과 법칙이며 변화하는 자연의 법칙이었습니다. 그러므로 그에게 창조는 (1)동시 창조로서의 무로부터의 창조(*creatio ex nihilo*), 그리고 (2)가능 상태로부터 실현 상태로의 변화 과정에 나타나는 연속 창조(*creatio continua*)로 해석되었던 것입니다. 씨앗 법칙의 창조 모델과 논리를 통하여 아우구스티누스는 창조의 완전성과 창조의 연속성을 제시하여 표면적으로 모순으로 보이는 문제를 해소할 수 있었습니다. 더 나아가 아우구스티누스의 창조 신학은 연속 창조와 씨앗 법칙을 진화 과학과 양립시켜 다룰 수 있는 진화 신학의 모델을 제공한 셈입니다.

아우구스티누스는 씨앗 법칙에 근거하여 아담에 대한 이중적 의미를 풀이했는데 이미 모든 인류의 가능 상태로서의 씨앗이 아담 안에 내장되고 잠재되어 있었다는 것이었습니다. 그렇다면 인류의 기원과 발전을 추적하는 유전학적 설명의 모델과 아울러 서로 다른 특정 시기에 창발될 수 있는 인간의 모습이나 차별적으로 실현되는 인류 씨앗의 발현에 대한 논리적 근거는 충분합니다. 이러한 접근은 인간에 대한 입체적 이해를 도울 수 있습니다.

아우구스티누스의 과학 신학은 '변화의 방향성'을 전제하고 있었는데 방향성은 진화의 수렴성 문제와 관련하여 논의될 수 있습니다. 이러한 연구는 창조의 목적, 우주 상수, 우주 인류 원리(Cosmological Anthropic Principle) 문제에 관련된 새로운 모델을 제공할 수 있는 것이기도 하지요.

아우구스티누스는 볼 수 없는 사건과 볼 수 있는 사건을 함께 이해할 수 있는 지혜를 추구해야 한다고 우리에게 가르쳐 주었습니다.

> 신께서 하신 일을 분별해 보면, 어떤 일은 모든 것을 동시에 창조한 날에 속합니다. 이날은 눈으로 볼 수 없는 날입니다. 어떤 일은 원초적으로 감추어 놓으신 것을 시간 속에서 풀어 놓는 활동을 하는 날에 속합니다. 이날은 눈으로 볼 수 있는 날입니다. (*De Genesi ad litteram* 6.6.9)

5

신의 극대, 안셀무스의 과학 신학

모순이 없는 수학적 시스템도 불완전성을 지니고 있음을 증명했던 20세기 오스트리아의 천재 괴델(K. Gödel 1906-1978)은 라이프니츠의 신 존재 증명의 오류를 해결하며 신의 존재에 대한 수학적 증명을 성립시켰습니다(이 책의 10장 참조). 그런데 이처럼 신의 존재를 단지 신앙에 의해 받아들이는 것이 아니라 체계적 증명을 통해 이해하려는 시도는 어떤 인물로부터 시작된 것일까요? 이 질문의 답을 찾기 위해서 우리가 재발견하고자 하는 고전은 『프로슬로기온』(*Proslogion,* 1078)인데, 이 고전의 저자는 중세의 철학을 대표하며 스콜라철학의 아버지라 불리는 안셀무스(Anselmus, 1033-1109)입니다.

안셀무스가 정의한 신

『프로슬로기온』에서 제시된 '이해하기 위하여 믿는다(*credo ut intelligam*)'는 유명한 명제는 이해를 추구하는 신앙의 전형으로 알려졌습니다. 『모놀로기온』(*Monologion*, 1076)이 안셀무스가 자신에게 하는 이야기라면 『프로슬로기온』은 안셀무스가 신께 드리는 이야기입니다. 안셀무스는 교회의 신학적 주장과 교리에 대하여 이해할 수 있는 증명을 추구하면서 논증을 가르쳤습니다. 여기서 말하는 이해는 신에 대한 '증명'과 함께 신을 향한 '기쁨'을 포함하는데 논증은 결국 이성과 신앙을 위한 도구였습니다.

안셀무스는 『모놀로기온』의 서문에서 아우구스티누스의 작품과 같지 않은 자신의 작품은 하나도 발견될 수 없다고 밝혔습니다. 왜냐하면, 안셀무스가 사상적 스승으로 여기는 인물이 아우구스티누스였기 때문입니다. 아우구스티누스는 파타고라스와 플라톤이 부정적 의미로 해석했던 '무한의 수'를 긍정적 의미로 새롭게 해석해 냈는데, 모든 수는 신으로부터 유래하며 셀 수 없는 무한의 수도 무한한 존재인 신에게 포함되었습니다. 젊은 아우구스티누스가 물질주의적 이원론을 주장하는 마니교의 모순을 증명하고 마니교를 거부하게 되는 결정을 한 것은 바로 수학적 지식에 근거한 것이었습니다(*Confessione* V. 3. 6). 그래서 그는 철학을 공부하기에 앞서 먼저 수학적 학문을 공부해야 한다고 제안했던 것입니다(*De ordine* II. 15. 42-43).

아우구스티누스는 '믿기 위하여 이해한다(*intelligo ut credam*)'는 중요한 신학적 명제를 제공했습니다. 안셀무스에 의하면 아우구스티누스의 명제는 '이해하기 위하여 믿는다(*credo ut intelligam*)'로 해석될 수 있었습니다. 왜냐하면 안셀무스는 자신이 믿는 신을 이해하기 위하여 노력했기 때문에 위의 두 명제는 안셀무스에게 논리적으로 동등하며 신학적으로 균형을 이루는 것이지요. 말하자면 신앙이 없으면 이해를 할 수 없으며 동시에 이해가 없으면 신앙을 가질 수 없다는 것이었습니다. 믿지 못하면 이해할 수 없고 이해할 수 없으면 믿을 수 없습니다. 그래서 안셀무스는『프로슬로기온』 제1장을 마무리하며 다음과 같이 자신의 뜻을 신에게 고백했습니다.

> 저는 믿기 위하여 이해하려고 노력하는 것이 아니라, 이해하기 위해서 믿습니다(*Neque enim quaero intelligere ut credam, sed credo ut intelligam*). 동시에 이를 위하여 저는 믿습니다. - 제가 믿지 않는다면, 이해할 수 없을 것입니다(*nisi credidero, non intelligam*).(『프로슬로기온』 제1장)

안셀무스는 『프로슬로기온』(*Proslogion*)의 제2장 '신께서는 참으로 존재하신다(*Quod vere sit Deus*)'에서 다음과 같이 신을 정의했습니다.

> 그러므로 어리석은 자가 자기 마음속으로 '신은 존재하지 않는다'라고 말했기 때문에 그러한 실재가 존재하지 않을 수 있겠습니까? 그러나 확실히 이 어리석은 자도 내가 '그것보다 더 큰 것이 인지될 수 없는 어떤 것(*aliquid quo maius nihil cogitari potest*)'이라고 말하는 것을 들으면 그가 들은 것을 이해합니다.(『프로슬로기온』 제2장)[28]

여기서 안셀무스는 인지의 전체 공간을 설정하고 있었습니다. 달리 말하면 논증의 공간으로서 인지 공간(cognition space)을 보여주는 것입니다. 그러므로 인지 공간은 안셀무스의 논리적 우주(universe of discourse)를 의미하지요.[29] 여기서 논리적 우주란 모든 논증을 포함하는 논리적 세계의 전체 공간을 뜻하는데, 안셀무스는 인간이 인지 공간을 전제할 때 인지 공간 내에서 그것보다 더 큰 것을 인지할 수 없는 어떤 대상이 존재한다는 것을 이해할 수 있다고 주장했습니다.

> (정의) 신 G은 그것보다 더 큰 것이 인지될 수 없는 어떤 것이다(*aliquid quo maius nihil cogitari potest*).[30]

이 정의는 일정한 인지 공간 내에서 신 G보다 더 큰 대상 x가 인지된다고 할 때, $x = G$가 성립된다는 것을 보여주는 것입니다. 단 여기서 정의된 신 G는 인지 공간 내에서 '최대'(the maximum)가 아니라 '극대'(the maximal)로 해석해야 합니다. 안셀무스가 정의한 극대적 존재로서의 신은 인지 공간 내에서 인지되는 신이라는 조건을 만족해야 하기 때문입니다.

신에 대한 신앙이 없을 때도 신은 존재해야 합니다. 그렇다면 신앙이 없을 때 인간은 무엇을 통하여 신의 존재를 이해할 수 있을까요? 이것이 안셀무스의 신학적 과제였습니다. 안셀무스는 신앙이 없는 사람도 인지를 통해서 신의 존재를 이해할 수 있다고 깨달았습니다. 이 점에서 이해를 위한 인지는 안셀무스의 과학 신학 내에서 보편적인 능력으로 전제되어 있었습니다.

> 그러므로 신이 이처럼 존재하신다는 것을 이해하는 사람은 신이 존재하지 않는다고 인지할 수 없습니다. Nullus quippe intelligens id quod Deus est, potest cogitare quia Deus non est. (『프로슬로기온』제4장)

그보다 더 큰 것이 인지될 수 없는 신을 이해하면 신 존재의 부정을 부정할 수밖에 없다는 것입니다. 그래서 신앙을 거부한다고 해도 신의 존재를 이해할 수 있다는 것입니다. 이와 마찬가지로 신앙이 있다고 하면서도 정작 신앙 공간을 가지고 있지 못한 사람을 위하여 안셀무스는 신의 존재를 이해하는 데 필요한 인지 공간을 제공하려는 것입니다. 여기서 안셀무스는 인지 작용을 통해서 신의 존재를 '구성'하려 한 것이 아니라 인지를 통해서 신의 존재를 '발견'하려 하고 있었지요.

이어서 안셀무스는 신의 존재에 대한 논리적 증명을 시도했습니다. 그러나 이 증명이 성립되려면 인지 공간 내의 존재가 실재 시공간 내의 존재를 함의할 수 있어야 함을 먼저 증명해야 합니다. 보나벤투라

(Bonaventura)와 둔스 스코투스(Duns Scotus) 등을 제외하고 다수의 신학자는 안셀무스의 증명을 긍정적으로 받아들이지 않았습니다. 특히 13세기의 아퀴나스(Thomas Aquinas, 1225-1274)는 『신학대전』(*Summa Theologiae* I, q.2, a.1)에서 안셀무스의 정의와 논증을 선험적 증명이라고 비판하며 거부했습니다. 안셀무스는 플라톤과 아우구스티누스의 사상적 후계자였지만 아퀴나스가 아리스토텔레스의 사상적 후계자였다는 점을 고려하면 이는 자연스러운 장면일 수도 있겠습니다. 그렇지만 이러한 거부는 논리적 타당성에 대한 비판이라기보다는 사실상 논리적 전제의 차이라고 보아야 합니다. 예를 들어 플라톤의 '실재에 선행된 보편(*universalia ante rem*)'의 공리와 아리스토텔레스의 '실재 내의 보편(*universalia in re*)'의 공리 사이에 있는 차이에서 유래된 결과로 볼 수 있습니다. 그래서 아퀴나스의 신학을 따르는 신학계에서 안셀무스의 논증은 신학에 포함되기 어려웠지만, 데카르트(Descartes)와 라이프니츠(Leibniz)로 대표되는 철학자들의 주목을 받으며 철학자들 사이에서는 활발하게 논의되었던 것 같습니다.

칸트(I. Kant, 1724-1804)는 『순수이성비판』 제2권의 3장 4절에서 안셀무스의 증명 방식에 대하여 '존재론적 증명'이라는 이름을 붙이고 이러한 방식의 증명은 불가능하다고 주장했습니다. 왜냐하면, 그는 존재의 문제를 증명의 대상이 아니라 논리적 양화 술어(quantifier)의 문제로 생각했기 때문이었습니다. 그 반면에 안셀무스의 논증은 헤겔과 헤겔학파의 논리적 기초가 되었으며 데카르트와 라이프니츠를 통하여 계속 발전되었고 괴델(K. Gödel)에 의해서 완성되었습니다.

극대성의 새로운 의미

안셀무스의 구상을 논리적으로 분석하기 위해서는 무한을 다루는 현대 수학의 극대성 개념이 필요합니다. 인지 공간 C를 크기를 인지할 수 있는 순서집합 $(X, \leq)$이라고 하겠습니다.[31] 안셀무스가 인지할 수 있는 대상들의 집합 A는 집합 X의 부분집합이고,a는 집합 A의 원소라고 하겠습니다. 집합 X에 속하는 모든 원소 a에 대하여 다음이 성립될 때,

$$a \leq x \rightarrow a = x$$

a를 집합 A의 극대 원소(maximal element of A)라고 정의합니다. 여기서 a는 인지 공간 C 내에서 더 큰 것을 인지할 수 없는 대상을 의미합니다. 말하자면 인지 공간 C 내에서 극대 원소 a보다 더 큰 대상은 존재할 수 없다는 것입니다. 그러므로 a는 더 큰 것을 인지할 수 없는 대상으로 인지됩니다.

안셀무스가 사용한 극대 원소는 최대 원소와는 다릅니다. $a \in A$이고, 모든 $x \in A$에 대하여, $x \leq a$일 때, a를 A의 최대 원소(the greatest element of A)라고 합니다. 인지할 수 있는 대상들의 집합 A의 모든 원소보다 큰 원소 a가 있다면 그 원소는 최대 원소입니다. 그런데 인지 공간 C내에서 가장 큰 원소를 의미하는 최대 원소의 존재는 언제나 증명될 수 있는 것이 아닙니다. 이것이 최대성과 극대성 사이의 중요한 차이지요. 예를 들어 인지 공간 $C = (G, \leq)$의 부분집합을 다음과 같이 정의해보겠습니다.

$$G = (\{\varnothing, \{g_1\}, \{g_2\}, \{g_1, g_2\}\}, \leq)$$
$$A = \{\varnothing, \{g_1\}, \{g_2\}\}$$

여기서 $\leq$를 $\subseteq$로 정의하면, A의 극대 원소는 $\{g_1\}, \{g_2\}$ 입니다. 그러므로 A의 극대 원소가 존재합니다. 그러나 A의 최대 원소는 존재하지 않습니다. 이 사례에서 보면 극대성의 존재는 보장되지만, 최대성의 존재는 보장되지 않습니다. 그렇기 때문에 안셀무스가 논증의 공간으로서의 인지 공간 C내에서 신을 정의하려고 할 때 최대성이 아니라 극대성을 선택하는 것이 타당했습니다.

현대 수학 내에서 극대적 존재는 증명될 수 있을까요? 극대적 존재를 정당화해 주는 법칙은 극대성 법칙(maximal principles)으로 불리고 있으며 조른의 레마(Zorn's lemma, 1935), 쿠라토프스키의 법칙(Kuratowski principles, 1922), 하우스도르프의 법칙(Hausdorff principles, 1914) 등이 있습니다. 이러한 법칙들은 모두 현대 수학의 기반에 해당하는 '선택 공리'(the axiom of choice)와 논리적으로 동등한 것으로 증명된다는 점에서 매우 중요한 의의가 있습니다.[32] 왜냐하면, 선택 공리는 유한한 인간이 무한을 다루는 주제와 직결되어 있는데 특히 무한의 구조를 연구할 때 꼭 필요한 현대 수학적 도구이기 때문입니다.

안셀무스가 정의한 신이 함의하는 현대 수학적 의미를 해석해 보겠습니다. 먼저 안셀무스가 전제한 인지 공간 C를 크기의 순서집합 $(X, \leq)$으로 정의할 필요가 있습니다.

(1) 크기의 순서집합 $(X, \leq)$의 모든 전순서 부분집합 A가 상계(upper bound)를 가지면, $(X, \leq)$의 극대 원소(maximal element)가 존재합니다. (Zorn's lemma)

(2) 여기서 $A \subseteq X$, $u \in X$라고 하겠습니다. 모든 $x \in A$에 대하여

$x \leq u$일 때, u를 A의 상계(upper bound of A)라고 정의합니다. 즉, 상계 u는 인지 공간에서 크기를 기준으로 볼 때 위의 한계를 의미하는 것입니다. 이때, 안셀무스가 인지할 수 있는 대상들의 집합 A는 '위로 유계'(bounded above)라고 할 수 있습니다.

(3) 안셀무스의 인지 공간 C내에서 인지할 수 있는 대상들의 집합 A가 상계 u를 가질 때, 극대 원소가 존재합니다. 여기서 안셀무스가 정의한 신 G, 곧 '그것보다 더 큰 것이 인지될 수 없는 어떤 대상'은 극대 원소에 해당합니다. 그러므로 극대적 대상으로서의 신이 존재한다는 증명이 성립될 수 있었지요.

최대에서 극대로

안셀무스가 신을 정의하기 위해 사용한 도구는 '최대성'이 아니라 '극대성'의 개념이었다는 점이 매우 새롭고 중요합니다. 사실 신을 최대성으로 정의했던 유명한 사상가는 안셀무스가 아니라 쿠자누스(Nicolaus Cusanus)였습니다. 안셀무스가 신을 최대 존재로 정의했다는 일부의 주장은 사실과 다릅니다. 예를 들어 가우닐로가 안셀무스의 정의를 '모든 것보다 더 큰 존재(*Aliquid, quod est maius omnibus*)'로 오해했습니다. 그러나 안셀무스는 '모든 것보다 크다'라는 최대성을 표현하거나 주장한 바가 없었지요. 그래서 이 문제에 대하여 그는 '가우닐로에 대한 반박(*Contra Gaunilonem*) (*Capitulum V*)'에서 가우닐로의 오해를 지적하고 타당성이 부족한 논리임을 정확히 반증했던 것입니다.

20세기의 러셀(Bertrand Russell) 같은 철학자도 안셀무스가 정의한 신을 '생각할 수 있는 가장 큰 존재'로 오해했습니다. 여기서 러셀은 안셀무스의 신을 최대성을 가진 대상으로 이해한 것이므로 이 해석도 오류를 포함할 수밖에 없었습니다. 마찬가지로 '완전성'(perfection)의 개념으로 안셀무스의 신의 정의를 이해하거나 전제한 존재론적 논증도 오류를 포함하고 있습니다. 예를 들어 데카르트는 완전성 개념을 사용하여 신을 정의했는데 이런 정의와 안셀무스의 정의를 직접 연결하는 전제와 시도는 모두 논리적인 약점을 지닐 수밖에 없습니다.

안셀무스가 보여준 결론에 의하면, 유한한 인간은 신을 '최대 존재'라고 정의하고 이해할 수 있는 것이 아니라 신을 '극대 존재'로 정의하고 이해할 수 있습니다. 논증의 공간이나 인지 공간 내에서 극대 원소의 존재는 보장될 수 있지만 최대 원소의 존재는 보장될 수 없는 경우가 증명되었기 때문에, 안셀무스의 정의는 논리적으로 타당하며 유효한 논증을 할 수 있었지요. 신을 최대 존재로 정의하는 것은 인간의 한계를 넘는 교만한 행위로 간주될 수 있습니다. 안셀무스도 그렇게 생각했습니다. 왜냐하면, 인간은 유한한 인지 공간을 통해서 최대의 존재를 증명할 수도 이해할 수도 없기 때문이지요. 단지 인간은 유한한 인지 공간을 통해서 극대의 존재를 증명하고 극대의 존재를 이해할 수 있을 뿐입니다. 이러한 기초 위에서 안셀무스는 극대성을 가진 대상이 존재한다는 것을 이성을 가진 사람이라면 누구나 인지할 수 있다는 것을 논증하고자 했습니다. 역설적으로 안셀무스가 믿었던 신의 존재는 인간의 인지적 한계를 인정할 때 깨달을 수 있었던 실재였던 것입니다.

신앙을 경험하지 못한 사람에게도 신은 존재하므로 신앙이 없는 사람도 신의 존재를 이해할 수 있어야 합니다. 왜냐하면, 인간의 믿음이 신 존재의 조건이 될 수는 없기 때문입니다. 믿음은 신을 이해하기 위한 전제였으므로, 믿음은 신에 대한 이해를 함의해야 합니다. 진정한 믿음은 신에 대한 이해가 성립되었을 때 존재하는 관계입니다.

저는 믿기 위하여 이해하려고 노력하는 것이 아니라, 이해하기 위해서 믿습니다(*Neque enim quaero intelligere ut credam, sed credo ut intelligam*). 동시에 이를 위하여 저는 믿습니다. - 제가 믿지 않는다면, 이해할 수 없을 것입니다(*nisi credidero, non intelligam*).(『프로슬로기온』 제1장)

Ⅲ

르네상스의 과학 신학

6

신의 혁명, 코페르니쿠스의 과학 신학

> 모든 발견과 주장 가운데 인간의 정신에 코페르니쿠스의 가르침보다 더 큰 영향력을 행사한 것은 없을 것입니다.
>
> -괴테 Johann Wolfgang von Goethe-

절대적으로 믿고 있던 종래의 틀이 급격하게 변화될 때 우리는 '혁명'이라고 말합니다. 이 용어의 기원을 찾을 수 있을까요? 혁명에 관하여 사람들이 사용하는 '레볼루션(revolution)'이라는 표현은 놀랍게도 코페르니쿠스(Nicolaus Copernicus 1473~1543)의 과학신학책 『천구의 회전에 관하여 *De revolutionibus orbium coelestium* (1543)』로부터 유래합니다. 우리가 번역하여 사용하는 혁명이란 용어는 바로 코페르니쿠스의 저서 제목 가운데 '레볼루티오니부스(*revolutionibus*)'로부터 나온 말이었습니다.

코페르니쿠스의 과학 혁명

근대 과학 혁명은 코페르니쿠스의 새로운 수학적 모델로부터 시작되었습니다. 이 모델은 세계를 보는 새로운 눈과 우주를 이해하는 새로운 방법을 제시했기에 과학의 역사를 연구하는 학자들은 1543년을 근대 과학 혁명의 출발점이라고 해석합니다. 16세기까지 지구 중심의 세계관은 아리스토텔레스에서 시작하여 프톨레마이오스에 의해서 우주론 모델로 구성되고 중세 교회에 의해서 완성된 세계관이었습니다. 지구 중심의 세계관은 그 사회 내에서 절대적 권위를 가진 유일한 진리로 여겨졌습니다.

코페르니쿠스는 정말 새로운 주장을 했는데, 태양 중심의 모델을 주장한 것이었습니다. 그 결과로 1400여 년 동안 세계를 지배해 왔던 과학과 신학의 오류를 바로잡는 위대한 혁명의 역사가 시작되었습니다. 이에 반대하여 1616년 로마 가톨릭교회는 공식적으로 코페르니쿠스의 태양 중심적 우주론을 부정했고, 그의 책을 금서 목록에 포함시켰습니다. 그 후 로마 가톨릭교회에 속한 사람이라면 코페르니쿠스의 주장을 공개적으로 지지할 수 없었습니다. 예를 들어 갈릴레오는 코페르니쿠스의 이론을 지지한다는 이유로 종교 재판을 받으며 고초를 겪었던 대표적 인물이었지요. 시간이 흘러 1992년 10월에 로마 가톨릭교회의 교황 요한 바오로 2세는 코페르니쿠스의 태양 중심적 우주론에 관한 가르침과 관련하여 역사적인 발표를 했는데, 교회에 복종하지 않는다는 이유로 갈릴레오를 비난했던 것은 잘못이었다는 내용이었습니다.

코페르니쿠스는 그리스도교 성직자의 옷을 입고 두 권의 역사적인 과학책을 저술하였습니다. 우리는 그의 저서를 통해서 코페르니쿠스의 과학과 신학이 가지는 특징과 그 함의를 분석하고자 합니다. 먼저

『배열을 통해 본 천구의 운동에 관한 주석(*De hypothesibus motuum coelestium a se constitutis commentariolus*)』(이하 『주석』이라 표시)을 해석해 보고자 합니다.

> 프톨레마이오스의 행성 운동 이론은 현재까지도 널리 사용되고 있습니다. 이 이론에서 제시된 수치는 실제 관측 수치와 잘 맞는 것처럼 보입니다. 그러나 이 이론의 중요한 결점은 등속 중심이 별도로 있는 원을 사용해야 한다는 것에 있습니다. 그 결과, 행성들은 그들의 원이나 원의 중심에 대해 일정한 속력으로 움직이지 않습니다. 바로 이런 점 때문에 프톨레마이오스의 이론은 불충분해 보입니다.
> 나는 그의 이론에 이런 결점이 있음을 인지하고 나서, 원들을 좀 더 합리적으로 배열할 수 없을까 고민을 거듭했습니다. 내가 말하는 합리적인 배열이란 불규칙한 겉보기 운동들을 모두 설명해 줄 수 있는 것입니다. 그리고 이 배열에서는 모든 행성이 완벽한 운동의 원칙에 따라 일정하게 움직여야 합니다. (『주석』)

코페르니쿠스는 『주석』에서 위와 같이 새로운 연구의 목적과 필요성을 밝히고 있었습니다. 이 글은 1510년 무렵에 발표된 여섯 장의 종이에 적은 짧은 논저인데, 연구 결과는 이미 그 이전에 얻었을 것입니다. 코페르니쿠스는 직접 필사해서 크라코프에 있는 동료 수학자들에게 보냈는데, 이 논문이 회람되고 학자들 사이에 알려지게 되었습니다. 이 짧은 논문은 과학 혁명의 기원으로 평가되는 『천구의 회전에 관하여』(이하 『회전』)의 기본적 모델이었습니다.

『주석』에서 코페르니쿠스는 먼저 프톨레마이오스의 설명 체계에 결함이 있음을 증명했습니다. 프톨레마이오스의 우주론은 아리스토텔레스의 물리학을 근거로 행성들의 움직임을 설명하고자 한 수학적 모델이었으나 통일적 설명을 제시하지 못했습니다. 이러한 약점을 극복하고자 코페르니쿠스는 일곱 개의 수학적 원칙들을 새로운 대안으로 제시했습니다.

1. 모든 천구에 공통되는 하나의 중심은 존재하지 않는다. (여기서 코페르니쿠스는 달이 지구를 중심으로 회전한다고 추론했습니다.)
2. 지구는 우주의 중심이 아니다. 지구는 무게가 향하는 중심, 즉 달의 중심일 뿐이다. (여기서 코페르니쿠스는 달이 지구를 중심으로 회전한다고 추론했습니다.)
3. 모든 천구는 태양을 둘러싸고 있다. 그러므로 우주의 중심은 태양의 근처에 있다. (여기서 코페르니쿠스는 태양 중심의 새로운 배열 시스템을 추론했습니다. 코페르니쿠스의 새로운 모델에 대하여 정확하게 말하자면 태양이 우주의 중심이 아니라 태양이 우주의 중심 가까이 있다는 모델이라고 해야 합니다.)
4. 태양에서 지구까지의 거리는 항성들의 대천구의 높이와 비교하면 매우 작아 감지할 수 없을 정도이다. (여기서 코페르니쿠스는 프톨레마이오스의 모델과 비교할 때 훨씬 더 광대한 우주 모델을 추론했습니다.)
5. 대천구의 겉보기 운동은 실제 운동이 아니라, 지구의 운동에 의해서 생긴 결과이다. 지구는 고정된 극을 회전축으로 삼아 자전하며, 하늘 가장 높은 곳에 있는 항성들의 대천구는 움직이지 않고 가만히 있다. (여기서 코페르니쿠스는 지구가 회전축을 중심으로 자전한다고 추론했습니다.)
6. 태양의 겉보기 운동은 실제 태양의 운동이 아니다. 지구와 지구 궤도의 운동으로부터 나온 것이다. 즉, 지구는 다른 행성들과 마찬가지로 태양을 중심으로 회전하고 있다. 그러므로 지구는 적어도 두 가지 운동을 하고 있다. (여기서 코페르니쿠스는 지구가 자전 운동과 공전 운동을 한다고 추론했습니다.)
7. 행성의 역행 운동은 실제 운동이 아니다. 그것은 지구의 운동 때

문에 그렇게 보이는 것이다. 그러므로 지구의 운동만으로도 하늘에서 볼 수 있는 많은 불규칙한 현상들을 설명할 수 있다. (여기서 코페르니쿠스는 역행 운동에 대한 새로운 해법을 제시하여 프톨레마이오스 모델의 취약한 점을 극복했습니다.)

코페르니쿠스는 프톨레마이오스의 『알마게스트(*Almagest*)』를 새롭게 다시 써야 한다는 것을 깨달았습니다. 이 책은 무려 1400년간 천문학의 확고부동한 교과서였는데, 여기서 프톨레마이오스는 다음과 같이 주장했었지요.

(1) 우주의 중심에는 지구가 있다.
(2) 천체는 지구를 중심으로 큰 원을 따라 회전한다.
(3) 지구를 중심으로 큰 원들이 있고 큰 원들 위에 중심을 둔 작은 원들이 있는데, 행성들은 작은 원을 따라 회전한다(주전원(epicycle) 개념).

행성의 수에 따라서 원의 수가 2배씩 증가하므로 전체적으로는 지나치게 복잡할 수밖에 없었습니다. 왜냐하면, 행성 하나를 설명하기 위해서 계속 원의 수를 늘려서 설명했기 때문입니다. 그러나 코페르니쿠스는 새로운 주장을 제시했습니다.[33] 코페르니쿠스의 모델에 의하면 6개의 행성과 달의 공전을 위해서 7개의 원을 사용하여 설명할 수 있었습니다. 특별히 지구의 자전 운동을 설명하기 위해서 2개의 원을 사용했는데, 곧 한 개의 주전원과 자전축의 변화, 달리 말하면 이는 세차 운동을 설명하기 위한 원이었습니다. 프톨레마이오스의 모델에 비하면 대단히 간결하고 통일성을 가진 수학적 모델이 새롭게 등장했던 것입니다.

이렇게 새로운 모델과 논리를 가지고 그는 태양으로부터 행성들까지의 '거리'와 공전 '시간' 사이의 관계를 새롭게 발견했습니다. 예를 들어 멀리 있는 행성일수록 공전의 시간은 길다는 것이었습니다. 이것은 역사상 처음으로 제시된 이론이었고, 하나의 이론을 가지고 행성의 운동 전체에 관하여 통일적 설명을 할 수 있는 모델이었습니다. 『주석』은 코페르니쿠스가 태양을 중심으로 행성들을 체계화하고 일관성을 가진 수학적 모델을 선보인 작품이었는데, (1)거시적으로 당시 물리학이 수학을 지배하던 문화 속에서 코페르니쿠스는 수학이 물리학을 이끌 수 있는 새로운 모델을 보여 주었고, (2)미시적으로 아리스토텔레스-프톨레마이오스-중세 교회에 의한 우주-신학-논리적 특성과 대조되는 코페르니쿠스의 우주-신학-논리적 특성을 보여 주었습니다.

코페르니쿠스는 1530년 무렵부터 자신의 수학적 모델을 종합하는 집필을 시작했고, 1543년 마침내 과학 혁명의 기원이 되는 그의 기념비적 저서 『천구의 회전에 관하여』가 출판되었습니다. 코페르니쿠스의 『천구의 회전에 관하여』는 출판된 지 73년 후인 1616년 로마 교회에 의해서 금서가 되었는데 그 이유는 브르노, 케플러, 갈릴레이 같은 사람들에 의해서 그 핵심 내용과 그에 따른 신학적 파괴력이 알려졌기 때문이었습니다. 뒤늦게 로마 교회 당국은 『회전』을 읽지 못하도록 했는데 219년이 지난 후에야 『회전』을 금서 목록에서 해제했습니다.

『회전』의 진정한 서문은 '교황 바오로 3세에게 바치는 헌정사'입니다. 이 헌정사는 코페르니쿠스가 직접 작성한 것이므로 그의 저작 취지와 입장을 가장 잘 보여주고 있습니다. 여기서 (1) 그는 『회전』의 내용과 성서의 내용 관계에 관하여 모순이 없다고 주장했습니다.

> 수학에 대해서 전적으로 무지하면서도 수학적 문제에 관하여 판단을 내리고, 또한 자신들의 목적에 맞춰 성서의 구절들을 파렴치하게 왜곡하면서 무례하게 저의 논저를 비난하고 공격하려고 하는 '헛된 말을 하는 자들'이 있다면, 제가 그들의 판단이 무모한 것이라고 경멸할 것입니다. (『회전』 제1권 서문)

그러므로 수학을 모르는 사람은 『회전』을 이해할 수 없었고, 성서의 구절들을 의도적으로 왜곡하지 않는다면 『회전』을 비난하거나 공격할 수 없었습니다. 이미 코페르니쿠스는 자신의 주장이 가져올 종교적 공격을 예견하고 있었던 것으로 보입니다. 이에 대한 그의 답변은 간단하고 명확했는데 『회전』의 내용을 제대로 이해한다면 성서의 내용에 대한 반박이 아님을 명확히 알 수 있다는 것이었습니다. 『회전』의 태양 중심 모델과 성서의 내용은 절대 모순되지 않으며 양립할 수 있었습니다.

(2) 코페르니쿠스는 자신의 『회전』에 대한 판단을 교황과 수학자들에게 위임했습니다.

> 저는 이 작업에 관한 판단을 교황 성하와 모든 수학자에게 맡깁니다. (『회전』 제1권 서문)

그가 교황에게 헌정사를 바친 것을 고려한다면, 『회전』에 대한 객관적 판단은 결국 수학자들에게 위임된 셈이었습니다. 코페르니쿠스는 수학자들이 이해할 수 있는 내용을 저술했고, 수학자들이 현명한 판단을 내려 줄 것으로 기대했던 것입니다. 그러나 이 헌정사는 결과적으로 코페르니쿠스의 유서가 되고 말았습니다. 왜냐하면, 코페르니쿠스는 인쇄된 『회전』을 1543년 5월 24일 받았는데 이때 병상에 있던 그가 『회전』을 받아 보고 눈을 감았기 때문입니다.

『회전』은 모두 6권으로 구성되어 있는데, 제1권의 몇 부분을 제외하면 모두 기하학적 설명과 증명으로 구성되어 있으며 다수의 그림과 표가 나옵니다. 제1권은 프톨레마이오스의 지구 중심 모델에 문제를 제기하고 태양 중심의 모델의 타당성과 근거를 제시하는 내용입니다. 제2권은 항성과 행성의 운동에 대한 기하학적 설명입니다. 제3권은 분점(equinox)의 세차 운동에 대한 기하학적 설명입니다. 코페르니쿠스는 지구의 자전축의 경우 세차 운동의 회전 주기를 26,000년이라고 계산했습니다. 제4권은 달의 운동에 관한 기하학적 설명입니다. 제5권과 제6권은 행성의 운동에 관한 기하학적 설명입니다. 코페르니쿠스는 새로운 모델과 그 의미를 제1권에서 요약해서 밝혔습니다. 여기서 그는 천구와 우주가 신의 작품임을 전제하고, 그 수월성을 다음과 같이 강조했습니다.

> 천구(*caelum* 하늘)는 아름답게 새겨졌다는 뜻에서, 우주(*mundus* 세계)는 순수성과 우아함이라는 뜻에서 명명되었습니다. 우주의 경이로운 탁월성 때문에 많은 철학자는 우주를 눈으로 볼 수 있는 신이라고 불렀습니다. (『회전』 제1권 서문)

> 가장 좋으시고 가장 위대하신 예술가의 신성한 작품이 얼마나 탁월하고 훌륭한가! (『회전』 제1권 10장)

이 전제 위에서 코페르니쿠스는 우주를 다루는 연구를 가장 가치가 있는 학문이라고 평가했습니다.

> 이 학문은 - 어떤 사람들은 천문학이라 부르고, 다른 사람들은 점성학이라 부르며, 많은 고대의 사람들은 수학의 완성이라고 불렀습니다 - 대단히 뛰어난 학술일 것입니다. 이 학문은 모든 인문학의 중심이며 자유인에게 가장 가치 있는 것인데, 거의 모든 수학의 분야에 의존하고 있습니다. 산술, 기하, 광학, 측지학, 역학, 그 외 모든 분야가 공헌하고 있습니다. (『회전』 제1권 서문)

여기서 그는 우주를 다루는 학술 활동이야말로 인문학의 중요한 지혜이며 수학적으로 가장 값진 학문 연구로 보았습니다. 코페르니쿠스는 과학 신학자로서의 자신을 다음과 같이 이해했는데, 우주를 보고 이해하는 일은 그에게 성스러운 사명이었습니다.

가장 좋은 질서 속에서 이루어지는 것을 알고 신의 다스림에 인도되는 것을 아는 사람이라면, 열심히 명상하고 익숙해지면 가장 좋은 것을 깨닫게 되고, 모든 것을 만드신 신에 대하여 경이로움을 느끼게 됩니다. 그 신은 모든 행복과 모든 선한 것을 가지고 계신다. 틀림없이 시편 기자는 아름다운 세상을 보고 가장 선하신 신을 명상한 후에야 신께서 일하실 때 참여하는 즐거움을 누리고 신의 손으로 만드신 작품 안에서 기뻐한다고 말했습니다. (『회전』 제1권 서문)

나는 행성의 운동에 관하여 - 신의 도우심으로, 신이 없다면 우리는 아무것도 할 수 없습니다 - 세밀한 연구를 할 것입니다. (『회전』 제1권 서문)

여기서 코페르니쿠스는 연구의 전제로서 신의 존재와 신의 도우심을 강조하면서 새로운 연구의 필요성과 정당성을 다음과 같이 밝혔습니다.

지금까지 수학자들의 창의성으로는 행성의 운동을 정복하지 못했습니다.(『회전』 제1권 서문)

더 나아가, 선임자들이 연구의 길을 처음 열어준 도움에도 불구하고, 나는 그분들과는 다르게 규명할 것임을 고백합니다. (『회전』 제1권 서문)

프톨레마이오스 모델의 경우, 그 주장과 행성의 운동이 일치하지 않았기 때문에 코페르니쿠스는 문제를 제기할 수밖에 없었고 그것에 대한 새로운 해결을 시도한다는 것이었습니다. 그 결과 코페르니쿠스는 새로운 태양 중심의 모델로부터 우주의 비례와 조화를 발견했습니다.

우리는 다른 어떤 방법으로는 발견할 수 없는 경이로운 비례를 발견하고, 궤도의 크기와 행성 회전 운동의 주기 사이에 있는 확실한 조화의 관계를 발견합니다. (『회전』 제1권 10장)

여기서 우주의 경이로운 비례는 태양을 중심으로 전제하고 행성의 거리와 운동으로부터 도출된 수학적 관계를 말했습니다. 태양과 행성 사이의 거리를 근거로 형성되는 이 비례는 우주의 조화 관계를 보여주는 것이었는데, 지구의 궤도에 의해서 제공되는 공통의 계산으로 모든 행성의 궤도를 풀이할 수 있음을 증명해 줍니다. 달리 말하면 회전주기와 궤도 크기의 비례를 보여주는 것이지요. 그러므로 후대의 학자들이 정밀한 도구를 가지고 측정을 할 수 있도록 공통의 단위를 제공한 셈이었습니다. 코페르니쿠스의 새로운 수학적 모델은 후대 케플러의 타원 이론, 갈릴레오의 측정을 거쳐서 뉴턴의 역학에 의해서 물리학적 고전 모델로 완성됩니다.

코페르니쿠스의 수학적 모델은 설명 체계로서의 통일성을 지니고 있다는 점에서 높이 평가되어야 합니다. 왜냐하면, 재래의 프톨레마이오스의 물리학적 모델은 행성의 운동에 대한 전체적 통일성을 지니고 있지 못했기 때문입니다. 프톨레마이오스의 개별적 설명은 일견 타당해 보였지만 개별적 설명 사이의 모순이 드러났습니다. 이 문제를 코페르니쿠스가 새롭게 해결한 것이었습니다. 예를 들어 행성의 역행 운동(retrograde motion)이 프톨레마이오스의 모델에서는 모순이었지만 코페르니쿠스의 모델에서는 논리적으로 해결되었는데, 코페르니쿠스는 역행 운동이라는 것은 관측자가 지구 위에서 궤도가 다른 행성을 관찰하기 때문에 발생하는 겉보기 운동(apparent motion)임을 이해하고 설명했습니다.

프톨레마이오스는 아리스토텔레스의 천구 모델을 전제했는데, 이것은 그의 이론적 한계를 보여줍니다. 천구 모델의 전제를 가지고 코페르니쿠스는 행성의 운동에 관하여 완전하고 신성한 운동을 상징하는 원 운동을 그대로 전제했습니다. 이것은 하늘에서는 오직 원 운동만이 가능하다고 가르친 플라톤으로부터 기인했던 것이지만 그가 원 운동을 그대로 전제한 것은 그의 또 다른 이론적 한계였습니다. 이런 점을 종합해서 보면 코페르니쿠스는 최초의 근대 천문학자이면서 동시에 프톨레마이오스의 마지막 천문학자였지요.

과학 혁명과 종교 개혁

먼저 문화사적 의미에 관하여 생각해 보겠습니다. 앞에서 살펴본 바와 같이 태양 중심 우주 모델에 관한 코페르니쿠스의 대한 주장이 알려지기 시작한 것은 1510년 무렵에 저술된 『주석』에 의한 것이었습니다. 그런데 이 시기는 콘스탄티노플의 함락으로 알 수 있듯이 그리스 문화의 중심지가 해체되는 시기였습니다. 이후 그리스 문화는 이탈리아를 중심으로 여러 지역으로 흩어졌는데 이탈리아는 그리스 문화의 핵심을 이루는 플라톤 학파의 철학과 피타고라스 학파의 수학을 받아들였고 여러 대학에서 그리스 문화를 가르쳤습니다.

코페르니쿠스는 이탈리아의 유학을 통해서 로마 교회의 전통뿐만이 아니라 그동안 묻혀 있었던 그리스의 학문 전통을 새롭게 배울 수 있었습니다. 그에게 학문적 영향을 주었던 스승 노바라(Domenico Mareia de Novara)도 역시 그리스 전통에 속하던 수학자였습니다. 그래서 코페르니쿠스는 아리스토텔레스-프톨레마이오스로 이어지는 구체적인 물리학 전통 외에도 플라톤-피타고라스의 추상적인 수학 전통을 새롭게 배웠던 것입니다. 이처럼 새로운 문화와 학문적 전통을 체험했던 기회는 그가 문제에 접근하고 해결하는 과정에서 필요한 자산이 되었다고 볼 수 있습니다.[34] 코페르니쿠스는 피타고라스의 영향을 받은 플라톤의 수학적 우주관에 동의했기에 수학적으로 조화와 아름다움을 갖춘 우주를 이해하는 것에 그 목표를 두었습니다. 물론 이것은 그의 그리스도교 신앙과도 잘 어울리는 조합이었지요.

코페르니쿠스의 새로운 과학 신학은 16세기 종교 개혁과 교차합니다. 그러므로 그의 과학 신학이 가지는 의미를 성찰하기 위해서는 종교 개혁자들과의 관계와 종교 개혁자들의 평가를 살펴볼 필요가 있습니다. 코페르니쿠스가 루터파의 수학자 레티쿠스를 그의 유일한 제자로 받아들였다는 사실은 그의 교회의 일치 사상(에큐메니즘)을 보여주는 중요한 사건이었습니다. 코페르니쿠스가 있었던 프라우엔부르크 지역은 폴란드 내의 루터파 게르만 기사단과 전쟁을 치렀던 극한 갈등을 경험했던 곳이었습니다. 예를 들어 1526년에는 이 지역에서 루터파 신자들이 추방되었고 루터파의 서적이 금지되었습니다. 코페르니쿠스는 1523년 주교로 선출되어 약 10개월간 프라우엔부르크 교구를 담당했기 때문에 로마 교회를 대표하는 공식적 영향력을 가진 지도자였던 것입니다. 그런데 코페르니쿠스가 종교 개혁의 심장부였던 비텐베르크에서 온 루터파 학자 레티쿠스(Georg Joachim Rheticus 1514-1574)를 제자로 받아들이고 나아가 공동 작업을 통해서 『회전』의 원고를 완성하고 출판을 했던 것입니다. 이것은 단지 신·구교의 갈등을 피해 가는 정도의 소극적 행동이 아니라, 신·구교의 적극적인 협력이었습니다. 과학 혁명의 기원을 『회전』의 출판 사건으로 보는데 이것은 과학 혁명이 신·구교의 합작으로부터 시작되었다는 의미를 담고 있습니다.

코페르니쿠스의 이론을 정리하여 간편한 천문표를 작성했던 라인홀트(Erasmus Reinhold, 1511~1553)는 루터파의 심장부였던 비텐베르크 대학의 천문학 교수였습니다. 라인홀트는 16세기 중엽 유럽 최고의 수리천문학자로 평가받았던 인물이었고 당시 비텐베르크 대학교는 독일 교육제도의 중추였다는 점을 고려할 필요가 있습니다. 라인홀트에게 배웠던 학자가 레티쿠스였습니다. 그는 비텐베르크 대학교를 졸업

했고 모교에서 수학을 가르쳤습니다. 그런 신교의 젊은 학자 레티쿠스가 구교의 고위 성직자였던 코페르니쿠스를 찾아가서 유일한 제자가 되었던 것이지요. 그러한 라인홀트와 레티쿠스를 후원한 인물은 루터의 가장 중요한 동지였던 멜란히톤(Philipp Melanchton)이었습니다. 특히 멜란히톤은 비텐베르크 대학교에서 직접 레티쿠스를 가르쳤던 스승이었고 수학 교수가 되도록 이끌어 주었습니다.

레티쿠스는 『최초의 설명(*Naratio Prima*) 1540』를 저술하면서 코페르니쿠스의 태양 중심 우주론을 소개했었는데, 1539년 5월에 직접 코페르니쿠스를 찾아가서 만났습니다. 1541년 가을까지 레티쿠스는 코페르니쿠스와 함께 지내며 코페르니쿠스의 혁명적 연구 결과를 출판할 수 있도록 최선을 다해 도왔습니다. 60대 후반의 코페르니쿠스는 이 젊은 제자와 함께 원고의 최종 작업을 하면서 수많은 계산과 그림과 표를 정리하고 문장을 다듬었습니다. 레티쿠스는 스승의 원고를 필사하여 뉘른베르크에 있는 출판사를 직접 찾아가서 인쇄 작업이 시작되도록 성사시켰습니다.

레티쿠스가 코페르니쿠스와 2년간 함께 지내는 동안에도 그는 멜란히톤과 긴밀히 연락을 했고 멜란히톤의 추천에 의해 라이프치히 대학교의 수학 교수로 부임했습니다. 그래서 멜란히톤이 초기에 코페르니쿠스의 이론을 반대한 것으로 알려지다가 어느 시점부터 코페르니쿠스의 이론을 받아들인 사실에는 누구보다 레티쿠스의 역할이 중요했었다고 보는 것이 타당합니다. 왜냐하면, 유명한 수학자이자 천문학자이기도 했던 멜란히톤은 자신의 제자 레티쿠스를 통해서 코페르니쿠스 이론의 핵심을 모두 파악할 수 있었고 그 결과 그가 코페르니쿠스의 주장에 대해 수용했기 때문입니다. 멜란히톤은 코페르니쿠스를 점진적 개혁가로 보았던 반면에 레티쿠스는 코페르니쿠스를 급진적 개혁가로 보았다는 차이점은 흥미롭습니다. 물론 멜란히톤과 레티쿠스는 코페르니쿠스의 해석이 성서와 갈등을 일으키지 않는다는 점에서 같은 견해를 가졌습니다.

종교 개혁자 루터는 코페르니쿠스를 어떻게 생각했을까요? 코페르니쿠스에 관한 고전적 연구서를 발표했던 쿤(Thomas Kuhn, *The Copernican Revolution*)은 루터가 코페르니쿠스를 인정하지 않았고 비난했다고 해석했습니다. 그런데 이러한 주장은 대부분 루터와 한 학생이었던 라우터바흐(Anthony Lauterbach)의 대담에 관한 기록에 근거해서 내린 결론이었습니다.[35] 이 대담 기록이 코페르니쿠스에 대하여 루터가 비난했다는 유일한 근거가 되었던 것이지요.

> 하늘, 태양, 달이 운동하는 것이 아니라 지구가 운동하는 것이라고 주장하는 어떤 새로운 점성술사에 대한 말이 있습니다. 이는 마치 마차나 배에 탄 사람이 자신은 움직이지 않고 땅과 나무가 움직인다고 상상하는 것과 같습니다.

이 말을 듣고 루터는 다음과 같이 말했다고 라우터바흐가 전했다는 겁니다.

> 지금은 그런 것도 괜찮습니다. 현명해지기를 원하는 사람은 다른 사람들이 인정하지 않는 것에 동의해야 합니다. 현명해지기를 원하는 사람은 자신만의 고유한 일을 해야 합니다. 이것은 바로 그런 사람이 천문학 전체를 뒤바꾸어 놓으려는 사람이 하는 일입니다. 무질서에 빠트리는 이런 일들 속에서도, 여호수아는 지구를 향해서 멈추라고 명령한 것이 아니라 태양을 향해 멈추라고 명령을 내렸기 때문에 나는 성서를 믿습니다(여호수아 10:12).

그러나 아우리파버(Aurifaber)라는 학생은 다른 내용을 전했습니다. 그에 의하면 루터가 "그런 사람" 대신 "그 멍청이"라고 표현했다는 것이었습니다. 그래서 러셀(B. Russell)은 아우리파버의 기록을 근거로 처음에는 가톨릭보다 프로테스탄트들이 코페르니쿠스를 더 통렬하게 반대했다고 비판했습니다(*Religion and Science*). 그러나 아우리파버는 루터와의 식탁에서 대담하는 자리에 없었던 인물이었습니다. 따라서 이는 직접 들은 증인의 기록이 아니었습니다. 기록의 내용에 신빙성이 없었던 것이지요.

만약 루터 사후 20년이 지나서 편찬되었던 라우터바흐의 기록이 정확했고 이 기록에서 루터가 지칭한 인물이 코페르니쿠스라고 가정했다고 하더라도, 루터가 코페르니쿠스를 비난했거나 비판했다는 결론은 논리적으로 도출될 수 없습니다. 왜냐하면, 위의 내용에서 도출될 수 있는 것은 정확히 두 가지이기 때문입니다. 첫째, 루터는 지구가 움직인다는 생각이 현명한 사람에 의해서 제기될 수 있다고 보았다는 것입니다. 둘째, 루터는 여호수아에 기록된 이야기를 믿었다는 것입니다. 여기서 루터가 코페르니쿠스를 비난했다는 주장은 입증될 수 없습니다.

태양이 멈추었다는 여호수아 본문의 해석 문제로 다시 돌아가 보겠습니다. 앞서 보았던 『회전』의 헌정사에서 코페르니쿠스는 성서의 구절들을 파렴치하게 왜곡하면서 코페르니쿠스의 새로운 이론을 비난하고 공격하는 자들을 게으른 자들이며 헛된 말을 하는 자들로 공격했고 심지어 그런 사람들의 판단을 경멸한다고 표명하였습니다. 코페르니쿠스에 의하면 우주의 배열과 조화는 근본적으로 신의 작품에 대한 새로운 발견을 의미했습니다. 따라서 이것을 공격하는 것은 바로 성서에 대한 파렴치한 왜곡이라는 것이지요. 그래서 레티쿠스는 지구에 대한 성서의 표현이 신께서 각 행성에 부여하신 안정성을 의미하는 것으로 해석했는데, 이 해석은 코페르니쿠스의 해석이 반영된 것임을 보여줍니다. 성서를 해석할 때에도 눈에 보이는 겉보기 운동과 눈에 보이지 않는 실재의 운동을 구별해야 합니다.

역사상 코페르니쿠스의 『회전』을 처음으로 세밀하게 연구한 대학은 놀랍게도 종교개혁자 루터의 비텐베르크 대학교였습니다. 그리고 비텐베르크 대학교가 코페르니쿠스를 지지하는 사람들의 중심지가 된 정황을 보면, 루터의 지지가 있었던 것을 추론할 수 있습니다. 왜냐하면, 지도자 루터의 반대를 무시하고 학문과 신앙의 비텐베르크 공동체가 코페르니쿠스 이론을 재생산하는 중심지가 될 수는 없었기 때문입니다. 루터가 코페르니쿠스를 비난했다고 전해지는 매우 불확실한 한 가지 이야기보다 더 중요하게 보아야 할 것이 있지요. 그것은 바로 루터가 이끌고 있던 비텐베르크 대학교가 코페르니쿠스의 이론을 가르치는 중심지가 되었다는 문화적 정황과 역사적 사실입니다.

요컨대, 루터가 직접 코페르니쿠스를 비난하고 그의 이론을 반대했다는 객관적 근거는 전혀 찾을 수 없습니다. 멜란히톤이 중심에 있었던 루터파 개신교와 비텐베르크 학파의 반응은 신중했겠지만, 그 결과 코페르니쿠스의 주장에 대하여 수용적이고 긍정적이었습니다. 코페르니쿠스에 대한 초기 루터파 개신교의 반응을 '비텐베르크 학파의 해석'(Wittenberg Interpretation)이라고 부른 과학사학자 웨스트만(Robert Westman, "The Copernicans and the Churches," *God and Nature: Historical Essays on the Encounter between Christianity and Science*)은 다음과 같은 객관적인 근거를 밝혔습니다. 1543년에서 1600년까지 '코페르니쿠스 추종자'라고 부를 수 있는 사람들은 10명에 불과했는데 16세기 후반 내내 코페르니쿠스의 논저는 널리 읽혔지만, 그의 이론을 적극적으로 수용한 사람들은 소수에 불과했는데, 단 확인 가능한 10명 가운데 프로테스탄트가 7명이었고 나머지 3명은 로마 가톨릭이었다는 것입니다. 이들 가운데 특히 케플러(Johannes Kepler)는 코페르니쿠스를 추종하던 대표적인 루터파 학자였는데, 그는 코페르니쿠스의 태양 중심적 모델이 성서를 해석하는데 서로 충돌하지 않는다고 보았습니다. 마찬가지로 16세기 제네바의 종교 개혁을 이끌었던 종교 개혁자 칼빈도 자연에 관한 과학적 연구를 장려하였는데 특히 천문학과 의학 연구를 적극적으로 장려하였습니다. 왜냐하면, 그가 물리적 세계와 인간의 몸은 신의 창조의 질서와 신의 지혜를 보여주는 것으로 생각했기 때문이었습니다. 이처럼 제네바의 종교개혁자 칼빈도 성서 해석과 자연 해석의 두 영역의 관계를 조정하여 과학의 발전을 위해 필요한 신학적 의미를 해석해 주는데 공헌을 했던 것입니다.

혁명의 성직

코페르니쿠스는 그리스도교 성직자로서 천체를 연구한 과학자였습니다. 동시에 새로운 과학의 혁명적 모델을 창출한 성직자였습니다. 그는 아리스토텔레스-프톨레마이오스-물리학으로 대표되는 중세 교회의 지배적 문화를 탈피하고, 피타고라스-플라톤-수학의 가치를 실현하는 새로운 문화를 주도하는데 공헌을 했습니다.

우리는 종교 개혁과 코페르니쿠스의 과학 혁명이 공유하고 동행했던 지점도 찾아볼 수 있었습니다. 코페르니쿠스는 16세기 중엽 로마 가톨릭과 프로테스탄트 사이에 그대로 남아있던 매우 위험한 종교 장벽을 넘어 반대편 종교 개혁자 루터와 멜란히톤의 제자 레티쿠스를 제자로 받아들였고 함께 공동 작업을 했습니다. 이처럼 그가 삶으로 보여준 교회의 일치 운동은 그의 과학 신학의 특성뿐만 아니라 그의 신앙과 인격의 깊이를 잘 보여주었다고 하겠습니다. 당시 역사와 문화의 정황에서 보면 역설적인 사건이 발생했는데, 로마 가톨릭의 고위 성직자 코페르니쿠스의 새로운 과학 모델은 종교 개혁의 중심지였던 비텐베르크 학파를 통해서 계승되고 발전되었다는 사실이지요. 코페르니쿠스의 과학 신학 혁명은 역사상 가장 조용한 혁명이었으나 인류 역사상 모든 혁명을 대표하는 혁명으로 기억되고 있습니다. 때로는 혁명이 성직입니다.

7

신의 조화, 케플러의 과학 신학

요하네스 케플러(Johannes Kepler 1571-1630)는 과학의 혁명을 시작한 코페르니쿠스의 태양 중심적 우주 모델을 수정하고 보완한 과학자로 알려진 과학 신학자입니다. (1) 코페르니쿠스(Nicolaus Copernicus 1473-1543)가 행성 궤도의 중심 가까운 지점에 태양의 위치가 있다고 생각했지만, 케플러는 중심부에 있는 태양이 행성을 움직이는 원동력이라고 생각했습니다. (2) 코페르니쿠스가 행성의 운동을 원운동이라고 보았지만, 케플러는 타원운동임을 증명했습니다. (3) 코페르니쿠스가 수학적 모델로서의 우주론을 제공했지만, 케플러는 수학적 모델에 측정의 결과를 결합한 근대 과학의 모델을 제공했습니다.

청년 케플러는 튀빙겐 대학에서 신학을 전공했는데 이때 수학자 메스틀린 교수를 만나서 수학을 배우게 되었습니다. 케플러의 탁월한 수학적 자질을 발견한 메스틀린 교수는 케플러에게 코페르니쿠스의 태양 중심 우주론을 가르쳐 주었습니다. 사실 이 시기에 대부분 학생은 프톨레마이오스의 지구 중심 우주론을 배우고 있었지요. 그러므로 케플러는 특별한 만남을 통해서 코페르니쿠스의 새로운 태양 중심의 우주론을 배울 수 있었습니다.

1594년 루터 교회의 성직자가 되기를 희망하며 졸업을 앞두고 있던 케플러에게 갑자기 수학 교수직의 기회가 제공되었는데 오스트리아의 그라츠에 있는 루터교 대학교에서 수학을 가르치는 자리였습니다. 이 일은 스승 메스틀린 교수가 케플러를 적극적으로 추천한 결과였습니다. 케플러에게 이 사건은 루터 교회의 성직자 또는 루터 교회의 신학자로부터 전문 수학자로 진로를 변경하는 계기가 되었다고 알려져 있지만, 사실은 그라츠 대학의 수학 교수직과 그라츠 시의 수학자를 겸임하게 된 케플러는 자신의 소명을 새롭게 깨닫고 코페르니쿠스의 태양 중심 모델을 수학적으로 증명하는 연구를 그의 종교적 사명으로 받아들였습니다.

1596년 케플러는 『우주의 신비(*Mysterium cosmographicum*)』라는 책을 저술하였습니다. 그리고 스승 메스틀린에게 보낸 편지에서 케플러는 신학자가 되기를 원했는데 이제 자신의 노력으로 천문학 분야에서 신에게 영광을 돌리는 방법을 볼 수 있게 되었다고 고백했습니다. 케플러는 친구를 통하여 이 책의 복사본 몇 권을 이탈리아에 보냈는데 이 가운데 한 권이 파도파 대학의 수학 교수였던 갈릴레오(Galileo Galilei 1564-1642)의 손에 들어갔습니다. 갈릴레오는 이 책을 읽어 본 후 자신도 코페르니쿠스의 견해를 따랐고 그것과 관련된 증거도 어느 정도 확보하고 있다고 케플러에게 은밀하게 전했는데 흥미롭게도 아직 공개한 적은 없었다는 내용도 포함되어 있었습니다. 이에 케플러는 즉시 답장을 보내면서 코페르니쿠스에 대한 지지 의견을 밝히라고 갈릴레오에게 권유했습니다.

『우주의 신비』의 중요한 독자 가운데에는 덴마크의 저명한 천문학자 티코 브라헤가 있었습니다. 케플러는 1600년 2월 브라헤를 직접 방문하고 6월까지 브라헤의 연구를 돕는 연구원으로 일했습니다. 같은 해 9월 30일 프로테스탄트 신도들에게 강력한 추방령이 내려지자 케플러는 가족들과 함께 그라츠를 떠나 프라하로 이주했습니다. 그런데 왜 프라하였는가? 그 이유는 브라헤가 프라하에 있었기 때문이었습니다. 브라헤와의 재회를 통해 케플러는 연구의 새로운 단계에 진입할 수 있게 되었고 코페르니쿠스도 갖지 못했던 풍부한 관측 자료들을 가지고 연구할 수 있게 되었습니다. 이로써 수학 이론과 물리적 측정 자료를 결합하는 연구가 본격화되면서 케플러의 새로운 우주론은 태어났습니다.

케플러의 우주론

케플러의 우주론에서는 다음 두 가지 명제가 중요한 전제였습니다.

(1) 세계는 신의 물질적 형상 *Mundus est imago Dei corporea.*

(2) 영혼은 신의 비물질적 형상 *Animus est imago Dei incorporea.*

케플러가 세계를 이해하기 위해서 필요했던 도구는 신, 물질, 형상에 대한 개념이었습니다. 신의 문제를 탐구하는 것은 신학이었고, 물질의 문제를 탐구하는 것은 물리학이었으며, 형상의 문제를 탐구하는 것은 수학이었습니다. 이미 신학을 전공했던 케플러는 물질로서의 세계를 이해하기 위해서 수학의 기하학을 그 도구로 채택하였습니다. 왜냐하면 신의 세계는 단지 물질의 세계가 아니라 기하학적 세계라고 생각했기 때문이었습니다. 결국 케플러는 기하학을 통해 '세계의 형상(*forma mundi*)'을 탐구했던 것이지요. 그러므로 케플러에게는 다음의 비례 관계가 성립했습니다.

신 : 세계 : 인간
= 원형 : 모사 : 유사

신과 원형의 관계, 세계와 모사의 관계, 그리고 인간과 유사의 관계는 모두 비례 관계를 유지했습니다. 여기서 비례 관계는 우주의 질서이며 법칙으로 생각되었는데 비례 관계가 성립하는 세계를 '우주'(*kosmos*)라고 정의했습니다.[36] 비례 관계가 성립하는 우주를 구(球)로 이해한다는 것은 가장 완전한 기하학적 대상인 구로 우주를 이해하는 것과 다름없었습니다. 케플러는 가장 완전한 기하학적 대상은 신의 생각을 반영한 결과라고 생각했기 때문에 특히 기하학적 구로서의 우주는 영원한 것이며 유일한 것을 의미했습니다.

우주 즉 천구는 가장 최상의 비례 관계를 보여주는 도형으로 정의되었습니다. 케플러의 분석에 의하면, 천구는 (1)중앙의 점과 (2)둘레의 표면과 (3)그 사이의 공간으로 구성되었습니다. 천구는 최상의 비례 관계를 보여주는 조화의 절정인데 절정의 조화를 찾기 위해서는 신과 생각을 공유해야만 했습니다. 이때 필요한 도구가 바로 기하학이었던 것입니다. 기하학은 신의 마음으로부터 나온 생각으로 정의되었기 때문에, 케플러는 자연 세계를 이해하는 도구이자 동시에 신의 생각을 이해하는 도구가 기하학이라고 생각했습니다.

기하학 내에서 신과 세계와 인간은 같은 방식으로 표현될 수 있다는 것이 케플러의 생각이었는데, 케플러의 과학 신학은 다음과 같은 비례 관계를 보여주었습니다.

세계 : 형상 : 영혼
= 물리학 : 수학 : 신학

세계와 물리학, 형상과 수학, 영혼과 신학의 비례 관계가 성립되고 있습니다. 먼저 세계의 형상(*forma mundi*)은 하나로 연결되어 조화를 이루었고, 그 다음 세계의 형상은 신과 연결되어 조화를 이루었습니다. 세계의 형상은 신에게서 나오고, 기하학 안에서 이 비례 관계가 성립되었습니다. 그래서 『우주의 신비(*Mysterium cosmographicum*)』에서 케플러는 삼위일체론을 향한 다음과 같은 동기와 이유를 제시했습니다.

> 왜 그렇게 이루어져야 하고 다른 방식으로는 이루어질 수 없었는가의 이유를 끊임없이 탐구해 온 특별한 세 가지 대상, 즉 수와 크기와 궤도 운동이 있습니다. 내가 그렇게 도전할 수 있었던 것은 움직이지 않는 태양과 항성과 매개 공간이 성부와 성자와 성령과 훌륭한 조화를 이루고 있었기 때문입니다. (『우주의 신비』)

(1) 천구로서의 우주의 중앙부에는 한 점이 있습니다. 이 한 점은 '볼 수 없는 대상'입니다. 왜냐하면, 기하학에서 점은 볼 수 없는 양으로 정의되기 때문이었습니다. (1)은 성부에 대한 케플러의 모델이었는데 성부는 중앙점을 보는 존재로 해석되었습니다.

(2) 중앙부의 한 점으로부터 구의 형태가 나옵니다. 말하자면 한 점으로부터 '모든 방향'으로 '동등'하게 나온다는 것입니다(effluxus). 둘레로서의 표면은 기하학에 의하면 '볼 수 있는 대상'이 됩니다. (2)는 성자에 대한 케플러의 모델이었는데 성자는 표면을 보는 존재로 해석되었습니다.

(3) 중앙의 한 점과 천구의 표면 사이의 공간은 동등한 양으로 표현되며 볼 수 있는 대상인 표면과 볼 수 없는 대상인 중앙점을 연결합니다. (3)은 성령에 대한 케플러의 모델이었는데 성령은 중앙점과 표면

을 연결하는 존재로 해석되었습니다.

이상의 세 영역은 최상의 조화를 보여주는 기하학적 모델이자 천문학적 모델이었으며, 궁극적으로는 케플러의 과학 신학적 모델이었습니다. 그러므로 그의 삼위일체의 모델은 수학과 물리학과 신학에 동등한 적용을 할 수 있는 실재에 대한 논리적 표상을 의미합니다.

케플러는 브라헤와의 공동 연구를 하면서 30여 년 동안 축적된 측정 결과들을 살펴볼 수 있었습니다. 특히 화성의 운동에 관하여 케플러는 자신의 계산과 측정 결과 사이에 8분의 오차를 발견할 수 있었는데 이때 그는 측정 결과를 무시하지 않고 오히려 자신의 이론을 수정하여 측정 결과와 상응하는 새로운 이론을 창출했습니다. 여기서 자신의 방식을 고수하는 수학자의 모습만이 아니라 겸손하게 우주의 음악을 경청하고자 하는 물리학자로서의 모습도 발견할 수 있습니다. 이 사건에 관하여 그는 감사의 마음으로 신의 은혜에 영광과 찬양을 돌리는 것이 마땅하다고 고백하면서 "관측은 무시될 수 없으므로, 이러한 8분의 오차가 천문학을 완전히 개혁하는 길로 안내했다"라고 고백하였습니다.

케플러의 세 가지 법칙 중에서 처음 두 가지 법칙은 1609년의 『새로운 천문학(*Astronomia nova*)』에서 발표되었습니다.

> (케플러의 제1법칙) 행성은 타원 궤도를 그리며 운동한다. 태양은 타원의 두 초점 중 하나에 위치한다.[37]

이 법칙은 행성 운동이 원 궤도의 운동이 아니라 타원 궤도의 운동임을 증명했습니다. 피타고라스 이후 일관되게 원이나 구의 형상에 집착했던 천문학과 과학 신학의 전통에 반하여 케플러는 새로운 해석을 시작했던 것입니다. 이 점에서 케플러는 코페르니쿠스의 원 운동 모델을 극복하고 있었습니다. 이 법칙은 행성 운동의 기하학적 형상을 다루고 있는 것이었습니다. 케플러는 신의 조화로운 작품을 보고 운동의 형상에 관한 이론을 새롭게 수정하여 타원의 기하학을 제시했습니다.

> (케플러의 제2법칙) 태양을 S라 하고 동일 주기로 운동하는 행성의 연속적인 위치를 P_1, P_2, P_3라고 할 때, 면적 P_1SP_2와 P_2SP_3은 같다.[38]

이 법칙은 행성 운동의 속도 변화를 다루고 있었습니다. 타원 궤도의 각각 다른 지점에서 행성의 속도는 등속이 아님을 증명한 것입니다. 예를 들어 타원 궤도 위에서 운동하는 행성이라면 태양에 가까울수록 빠르게 운동하고 태양에서 멀어질수록 느리게 운동합니다. 말하자면 그는 행성이 운동할 때 그 속도가 등속이 아니라는 점을 증명한 것이지요. 타원의 궤도 위에서 하나의 행성이 빠르게 운동할 때가 있고 또한 느리게 운동할 때가 있다는 주장은 그 시대에 충격적인 주장이 아닐 수 없었습니다. 말하자면 행성의 등속 운동만을 전제하고 있던 신학자와 천문학자에게 케플러의 증명은 전혀 새로운 해석이었습니다. 여기서 케플러는 이 법칙을 발견하여 코페르니쿠스의 등속 운동 모델을 극복하고 있었습니다. 케플러가 동시대의 신학자와 교회의 교리와 편견으로부터 얼마나 자유로운지를 (1)타원 궤도의 법칙과 (2)비등속 운동의 법칙 혹은 면적 속도의 법칙을 통해 명확히 알 수 있습니다.

케플러의 세 번째 법칙은 1619년의 『우주의 조화(*Harmonice mundi*)』에서 발표되었습니다. 이 법칙은 하나의 행성의 운동을 다루는 것이 아니라 행성 운동과 행성 운동 사이의 관계를 다루고 있다는 점에서 가장 중요한 법칙으로 인정된 법칙이었습니다.

(케플러의 제3법칙) 행성 운동의 공전 주기를 T라고 하고 태양으로부터 평균 거리를 r이라고 할 때, T^2은 r^3에 비례한다. 여기서 r은 장축(major axis)을 의미한다.

이 법칙은 서로 다른 행성과 행성 사이의 관계를 다루고 있었는데 T^2와 r^3의 비례 관계는 모든 다른 행성에 같이 적용된다는 것이었습니다. 달리 말하면 T^2/r^3는 모든 행성에 성립하는 상수 k라는 뜻입니다. 그래서 지구의 공전 주기와 지구에서 태양까지의 거리를 각각 시간 단위와 거리 단위로 삼아 행성의 공전 주기의 제곱은 태양으로부터의 평균 거리의 세제곱과 같다는 결과를 얻을 수 있었습니다. 이제 공전 주기와 타원 궤도의 크기에 대한 정보를 알기만 하면 평균 공전 속도에 대한 정보를 계산할 수 있었습니다. 케플러가 행성의 운동과 관련하여 시간의 정보와 공간의 정보 사이에 새로운 조화를 찾아준 셈이었습니다. 약 50년 후에 뉴턴에 의해서 케플러의 제3법칙이 수학적으로 증명되고 새로운 종합을 이루어 코페르니쿠스에서 시작된 과학 혁명이 완성되었습니다.

케플러의 삼위일체론

케플러는『우주의 조화(*Harmonice mundi*) 1619』에서 특유한 수학적 삼위일체 모델을 제시한 바 있었는데,『코페르니쿠스의 천문학 개요(*Epitome astronomiae Copernicanae*), 1617-1621』에서 더 자세히 설명했습니다.

창조주 신의 형상이자 세계의 원형인 천구 안에는 세 개의 영역이 있습니다. 세 영역은 거룩한 삼위일체의 세 인격의 상징 - 성부의 상징으로서의 중심, 성자의 상징으로서의 표면, 성령의 상징으로서의 매개 공간 - 입니다. 그래서 세계의 여러 주요 부분들이 창조된 것 같이, 천구의 다른 영역 안에 있는 다른 부분들도 창조되어 있습니다. 중심 안에는 태양이 있고, 표면 위에는 고정된 별들의 천구가 있고, 마지막으로 태양과 고정된 별들 사이의 중간 영역에는 행성 체계가 있습니다. (『코페르니쿠스의 천문학 개요』)

이처럼 케플러는 우주를 창조한 신의 형상에 대응되는 우주의 구체적 대상이 있다고 생각했습니다.

성부와 중심

태양은 우주의 중심부에 위치하면서 모든 행성의 운동이 가능하게 하는 힘의 원천이었습니다. 여기서 케플러는 태양을 성부 신과 대응시켰습니다. 모든 행성 운동의 근원은 태양이므로 태양의 모델을 통하여 성부를 이해하고자 한 것이었습니다.

성자와 표면

코페르니쿠스의 우주는 구의 형태로 이해되고 있었습니다. 여기서 구는 완전을 상징하는 원의 3차원입니다. 우주가 기하학적 구의 형태로 이루어져 있다면 천구로서의 우주의 가장자리 부분에는 별들이 위치한다고 생각했습니다. 천구에서 별이 위치한 부분은 우주의 경계와 표면이라고 생각했던 것입니다. 케플러는 별이 위치할 수 있는 곳이자 천구의 최대 크기를 나타내는 표면이 성자 곧 예수 그리스도와 대응된다고 생각했습니다.

성령과 매개 공간

케플러는 천구로서의 우주에는 태양으로부터 천구의 표면까지 빈 공간이 있다고 생각했습니다. 여기서 빈 공간을 채우는 직선들이 존재한다고 전제했는데, 말하자면 천구의 중심과 천구의 표면 사이의 중간 공간 내에 피조물들이 존재한다는 뜻입니다. 케플러 시대에는 곡선은 긍정적 의미를 나타내고 상대적으로 직선은 부정적인 의미를 나타내고 있었습니다. 왜냐하면, 곡선이 완전함을 상징하지만, 직선은 불완전함을 상징했기 때문이었습니다. 그러므로 피조성은 직선에 의해 표현되어야 했으나 신성은 곡선에 의해 표현되어야 했습니다.

케플러는 (1)천구의 중심과 대응되는 성부, (2)천구의 표면과 대응되는 성자, (3)천구의 중심과 천구의 표면을 연결하는 중간의 공간에 대응되는 성령을 통해 자신의 삼위일체의 모델을 구성했습니다. 그리고 케플러는 『우주의 조화』제5권의 9장을 통하여 다음과 같은 기도문을 헌정한 바 있었습니다.

> 성부시여, 당신이 성자이신 우리 주님과 성령과 하나이듯이 우리를 서로 사랑하는 조화 안에 있게 하옵소서. 당신이 조화의 훌륭한 연결을 통해서 모든 일을 하나로 이루시듯이 우리를 서로 사랑하는 조화 안에 있게 하옵소서. 당신의 사람들이 새롭게 하나 되는 것을 통하여 당신께서 천체를 구성하시듯이 이 땅 교회의 몸이 조화로부터 세워지게 하옵소서(『우주의 조화(*Harmonice mundi*)』).

케플러는 신학 내에서의 삼위일체에 대한 매우 어려운 논쟁들을 잘 알고 있었습니다. 그래서 케플러는 재래의 삼위일체 논쟁에 가담하기보다는 새로운 삼위일체 모델을 새롭게 구축했는데 자연의 법칙에 대한 기하학적 의미를 신학적 법칙에 대한 기하학적 질문 내에서 찾고자 시도했습니다. 1610년 갈릴레오에게 보낸 편지에서 그는 "기하학은 유일하고 영원합니다. 그리고 기하학은 신의 마음 안에서 빛나고 있습니다"라고 했습니다(*Kepler's Conversation with Galileo's Sidereal Messenger*). 그리고 『우주의 조화』에서 그는 기하학이 다음과 같은 의미를 지니고 있다고 해석했습니다.

> 기하학은 세계의 기원 이전에도 신의 마음과 함께 영원한 것이었고 현재에도 신 자신과 함께 영원한 것입니다. 기하학은 신이 세계의 창조를 위한 패턴을 가지고 만들어 주신 것입니다. 그리고 기하학은 신의 형상을 가지고 인간에게 건너가는 것입니다(『우주의 조화』).

케플러는 영원한 기하학이 신이 창조한 우주의 패턴과 같다고 믿었습니다. 그러므로 그는 인간이 기하학을 통해서 우주의 패턴을 알 수 있다고 생각했고 더 나아가 기하학을 통해서 신의 삼위일체를 파악할 수 있다고 생각했습니다. 성부가 태양과 같이 이해될 수 있다면, 태양을 중심으로 운동하는 모든 행성은 성자의 품 안에 있다고 이해될 수 있으며, 이렇게 성부와 성자가 이해될 수 있다면 태양과 천구 경계 사이의 공간은 성부와 성자 사이에 존재하며 일정 임무를 수행하는 성령으로 이해될 수 있었습니다. 이러한 케플러의 결론은 기하학적으로 모순되지 않으며 동시에 측정의 결과에 따라 합당하다는 것이었습니다.

그러므로 케플러가 자연이란 텍스트를 통하여 주장하는 삼위일체론의 증명은 (i)논리와 (ii)실험을 갖춘 차원에서 기존의 신학적 증명이 다루지 못한 부분을 다루고 있었습니다. 예를 들어 삼위일체의 신이 동등한 세 인격을 보여준다면, 삼위일체의 우주는 동등한 세 부분을 보여준다는 그의 주장이 대표적인 사례가 됩니다. 또한, 우주의 중심과 표면 사이의 공간은 중심과 표면과 함께 동등하다는 주장도 기존의 신학적 삼위일체론에서는 찾아볼 수 없는 것이었습니다. 이러한 동등성의 논리에 근거하여 케플러는 태양의 밀도와 고정된 별들이 있는 천구와 중간 매개로서의 에테르의 동등한 구분을 추론하여 계산하였습니다.

그러나 여타의 신학자들과 달리 케플러는 삼위일체 안에서 신의 '본성'에 대하여는 전혀 논의하지 않았습니다. 논쟁의 진원지와도 같은 신의 본성을 언급하지 않는 특이한 방법론은 케플러에게서만 발견되는 것인데, 그가 조화를 강조했다는 점에서 보면 충분히 이해될 수 있습니다. 그의 우주적 삼위일체론은 성부와 성자와 성령의 '조화로운 관계'에 집중했던 그의 과학 신학의 산물이었습니다.

기하학, 신학, 측정의 조화

> 천체를 측정하던 나, 이제 지구의 그림자를 측정하리라. 나의 영혼은 천체에 있더라도, 이제 내 육체의 그림자는 여기에 있노라.
>
> -케플러의 묘비-

천상의 측정자 케플러와 지상의 측정자 케플러는 우주의 조화 안에 조화롭게 존재하고자 원했습니다. 우주의 조화 안에서 천체와 지구는 조화로운 비례 관계 안에 있었으며 케플러의 영혼과 육체도 조화로운 비례 관계 안에 있었습니다.

케플러가 보여주었던 삼위일체론은 우주의 조화 안으로부터, 우주의 조화에 의해서, 우주의 조화를 통해서 발견된 신에 대한 과학 신학의 모델이었습니다. 여기서 우주는 신이 창조한 세계의 형상이 실현된 대상으로 전제되었는데 기하학적 조화는 신학적 조화와 대응되며 가장 최상의 조화는 우주적 삼위일체 모델에 있었던 것입니다. 케플러는 (1) 우주의 중심과 성부 사이에 기하학적 대응 관계가 존재하며, (2) 우주의 표면과 성자 사이에 기하학적 대응 관계가 존재하며, (3) 우주의 중간 공간과 성령 사이에 기하학적 대응 관계가 존재함을 보여주었습니다. 그리고 이 모든 대응 관계는 우주의 조화로운 관계 안에 포함되었고 신이 보여주는 삼위일체의 관계는 우주의 조화를 함의하는 것이었습니다. 케플러는 기하학과 신학과 측정을 통하여 삼위일체의 관계가 우주의 조화 안에 있고 우주의 조화를 형성한다고 새롭게 해석했습니다.

'교회의 성직자'에 상응하는 '자연의 성직자'라는 표현을 케플러가 자신에게 사용한 것은 과장된 시도가 아니었습니다. 『우주의 조화』 제5권의 서문에서 케플러는 다음과 같이 자연의 성직자로서의 견해를 보여주었는데, 그는 특히 제5권을 '거룩한 설교'이며 '창조주 신에게 드리는 참된 찬송'이라고 말한 바가 있었습니다.

> 나는 설교를 시작합니다. 그것은 창조주이신 신에 대한 진정한 찬미입니다. 나는 신에게 수많은 제물을 바치는 것이 아니라, 수많은 향을 피움으로써가 아니라, 먼저 나 자신이 배우고 그다음 다른 사람들에게 신의 지혜와 위대함, 그리고 신의 권능의 위대함, 그리고 신의 선함을 가르치는 것이 경건한 신앙이라고 생각합니다(『우주의 조화』).

8

신의 시간과 공간, 갈릴레오와 뉴턴의 과학 신학

근대 과학의 창시자로 불리는 갈릴레오와 근대 과학의 완성자로 불리는 뉴턴, 이 두 거장의 과학 신학의 특징을 살펴보고 그 새로운 면과 의미를 다루어 보고자 합니다.

갈릴레오의 과학 신학

과학 신학에 관한 갈릴레오(Galileo Galilei 1564-1642)의 생각은 명확하고 분명했습니다. 과학과 신학은 양립할 수 있고 성서와 자연이라는 위대한 책은 모두 신이 쓰신 텍스트라는 것입니다. 물론 갈릴레오는 자연과 성서라는 두 책에는 차이점이 있다는 점을 간과하지 않았습니다. 성서는 일반인들이 이해할 수 있도록 쉽게 조정된 언어를 통해 표현되었지만, 자연은 조정 과정을 거치지 않은 표현이라는 것입니다. 그러므로 자연이 보여주는 움직임을 성서의 표현을 두고 반박할 필요가 없다는 것이 갈릴레오의 입장이었습니다. 갈릴레오는 대공 코시모 2세의 어머니 크리스티나에게 성서와 자연의 관계에 대한 설명을 담은 편지(Letter to the Grand Contest Christian)에서 다음과 같은 말을 인용했습니다.

> 성서의 목적은 하늘나라를 어떻게 가는가를 말해주는 것입니다. 성서의 목적은 하늘이 어떻게 움직이는가를 말하는 것이 아닙니다.

그리고 갈릴레오는 자연의 언어를 수학이라고 전제했습니다. 그러므로 그에게 수학은 자연을 해석하는 열쇠였던 것입니다.

> 그 책 (자연)은 수학의 언어로 쓰여 있습니다. 그래서 그 책에 담긴 언어의 특징은 삼각형들과 원들과 그 외 기하학적 도형들입니다. 수학의 언어를 이해하지 않고서는 누구도 그 책에 쓰인 단 한마디의 말도 이해할 수 없습니다.

갈릴레오는 (1)성서라는 책을 은유적으로 이해해야 하고, (2)자연이라는 책을 수학적으로 이해해야 한다고 명료하게 정리했습니다. 여기서 은유 언어와 수학 언어라는 두 가지 언어는 충돌되지 않으며, 성서와 자연이라는 두 가지 텍스트는 서로 모순되지 않는다는 결론이 성립되었습니다. 왜냐하면, 같은 저자인 신이 스스로 모순을 일으킬 수 없기 때문입니다.

그러나 로마 가톨릭 교회 당국은 성서의 해석권이 교회에만 있다고 고수했으며, 따라서 갈릴레오가 성서에 대하여 해석을 하는 행위가 교회의 권한에 대한 도전이라고 판단했습니다. 널리 알려진 갈릴레오의 종교 재판 사건은 과학 대 종교의 싸움이 아니라 성서의 해석에 대한 싸움이었습니다. 과학 대 종교의 갈등은 표면적인 사안이었으나 성서 해석에 대한 권한은 심층적인 사안이었던 것입니다. 갈릴레오는 성서는 은유적으로 해석해야 하는데, 그 이야기의 의미가 평범한 일반인들의 생각과 보편적인 어법에 맞게 구성되어 있기 때문이라고 생각했습니다. 예를 들어 구약성서 여호수아 10장 12절에 나오는 태양이 멈추었다는 이야기는 일반인들을 위한 생각과 어법에 맞도록 구성된 것으로 보아야 한다는 것입니다. 따라서 갈릴레오는 자신의 주장과 이론이 결코 교회가 소유하고 있던 성서 해석권과 교리에 대한 반대가 아님을 항변하였지만, 일방적으로 약자였던 갈릴레오의 희생으로 비극적 결말이 지어졌던 것입니다. 사실 갈릴레오는 그 누구보다 자신의 종교와 신앙을 소중히 여겼던 과학 신학자였습니다. 그 자신이 어린 시절 성직자를 꿈꾸었었고, 교회를 위해 어떠한 협력도 아낀 적이 없었습니다. 그런데도 이탈리아에서 존경받던 인물 갈릴레오는 로마 가톨릭 교회와 그 지도자들에 의해 부당하게 희생을 당하고 추방당했던 것입니다.

갈릴레오에 대한 종교 재판은 16세기의 프로테스탄트 종교 개혁과도 무관할 수 없었습니다. 마르틴 루터(Martin Luther)가 시작했던 1517년 종교 개혁의 영향으로 성서를 해석하는 권리가 교회와 성직자에게만 있는 것이 아니라 일반 교인들에게도 있다는 새로운 주장과 교리가 퍼져 나가는 컨텍스트 내에서 갈릴레오가 필요 이상으로 지나친 피해를 보았다고 볼 수 있습니다. 왜냐하면, 갈릴레오에 대하여 로마 가톨릭 교회가 묵인했다면 이는 당시 신·구교간 사이의 30년 종교 전쟁(1618-1648) 중이었던 긴박한 상황에서 반대 위치에 있던 종교 개혁자들의 주장에 도움을 줄 수도 있었기 때문입니다. 당시 유럽 사회에 퍼지고 있던 민감한 정치적 정황과 정치적으로 불리한 상태에 처한 교황의 입장을 고려하면, 개인적 친분이 있던 갈릴레오에 대하여 더 엄한 징계를 내리는 판단을 할 수밖에 없었던 상황을 헤아려 볼 수 있습니다.

종교 재판의 유죄 판결 후 절망스러운 환경 속에서도 신과 갈릴레오의 사이가 전혀 변하지 않았다는 사실에도 새삼 놀라지 않을 수 없습니다. 로마 가톨릭 교회는 그를 버렸으나 그는 신을 버리지 않았습니다. 1633년에 갈릴레오는 프랑스인 후원자 니콜라스 페이레스크(Nicolas Peiresc)에게 편지를 썼는데, 여기서 그는 자신의 마음을 다음과 같이 표현했습니다.

> 나는 영원한 안식을 위한 두 가지 근거를 가지고 있습니다. 하나는 나의 작품에서 성스러운 교회에 대한 불경함의 희미한 그림자도 찾을 수 없다는 사실입니다. 두 번째는 내 양심의 증언입니다. 이것은 오직 나와 하늘에 계신 신만이 알 수 있습니다. 내가 고통 받는 이 사건에 대해 많은 이들이 연구를 하고 있지만, 그 누구도 심지어 고대의 신학자들도 나보다 신을 위해 더 많은 경건함과 열정으로 말한 적은 없었습니다. 이 말이 진실임을 오직 신은 알고 계십니다.

그 당시의 로마 가톨릭 교회는 과학과 신학을 모두 잃은 셈인 반면 갈릴레오는 과학과 신학 그 어느 하나도 잃지 않은 것 같습니다.

그렇다면 갈릴레오가 남긴 여러 업적 가운데 최고의 과학 신학 업적은 무엇일까요? 제가 보기에는 중세까지 일관되게 진리라고 믿어왔던 시간과 공간의 관계를 수정하여 새롭게 해석한 것입니다. 갈릴레오 이전에는 시간과 공간의 관계를 다음과 같이 '등속'의 관계로 여겼습니다. 여기에서 거리와 시간의 비례는 속도라고 정의될 수 있습니다.

$$\text{거리} : \text{시간}$$
$$= d : t$$

등속이란 거리 d와 시간t의 값이 같다는 것을 전제한 속도 해석입니다. 즉 공간과 시간의 비례는 1:1의 관계처럼 변함없이 같다는 주장입니다. 이러한 이론은 아리스토텔레스부터 이어졌던 유일한 법칙이었고, 신이 만든 공간과 시간에 부여된 유일한 진리라고 믿었습니다.

그러나 갈릴레오는 피사의 사탑 실험으로 유명한 실험을 통해서 거리와 시간의 관계, 즉 넓게는 공간과 시간의 관계를 새롭게 설정했습니다. 여기서 그는 시간 속의 시간을 보여주었습니다. 즉 시간의 시간이며, 수학의 언어로 표현하면,

$$t \bullet t = (t)^2$$

에 해당합니다. 시간과 시간 사이에 곱의 연산으로 표현된 것은 다음과 같은 비례에서 얻은 것인데 역사상 처음 만든 이론이 되었습니다. 피사의 사탑 위에서 포탄 알을 떨어뜨리는 실험을 반복하고 관찰한 결과, 그는 거리와 시간의 관계가 정비례하는 것이 아니라고 깨달았고, 경사진 판에서 포탄 알을 굴리는 실험을 통해서 마침내 다음과 같은 새로운 진리를 깨닫게 됩니다.

거리 : 시간

1 : 1

2 : 4

3 : 9

4 : 16

·
·
·

$$d : t^2$$

이처럼 그 비례 관계가 성립한다는 것이었습니다. 말하자면 낙하 속도는 '등속도'가 아니라 '가속도'라는 이론이 갈릴레오에 의해 새롭게

정립되는 순간이었습니다. 이것은 기존에 알고 있던 공간과 시간의 유일무이한 등속 관계 외에도 가속 관계가 있음을 보여주는 놀라운 공헌입니다. 갈릴레오는 신이 공간과 시간에 부여한 또 다른 법칙을 발견하여 증명한 것이고, 과거에는 몰랐던 새로운 신의 뜻을 깨닫게 해 준 과학 신학이었습니다.

이 가속의 개념이 없이는 힘(force)을 설명할 수 없으므로, 갈릴레오의 이론이 없으면 후에 뉴턴의 중력 이론도 전혀 나올 수 없었습니다. 왜냐하면, 뉴턴이 힘을 다음과 같이 정의할 때,

$$\text{힘}\,F = \text{질량}\,m \cdot \text{가속도}\,a$$

바로 갈릴레오가 정의해 준 '가속도'를 사용했기 때문이었습니다. 이러한 갈릴레오의 공헌에 힘입어 뉴턴은 힘을 운동의 변화율로 새롭게 이해할 수 있었습니다.

갈릴레오가 겪었던 종교 재판에 관하여 간략히 말씀드리겠습니다. 이탈리아의 조르다노 부르노는 코페르니쿠스의 지동설을 주장하다가 이단으로 몰려서 화형을 당했습니다. 그는 종교재판소 지하 감옥에서 7년간 구금된 채 참혹한 고문을 당하다가 1600년 2월에 로마에서 화형을 당했지요. 불과 30여 년 전에 당한 이 참변을 잘 알고 있었던 한 과학 신학자가 로마 가톨릭의 종교 재판 판결에 앞서서 기다리고 있었습니다. 불행인지 다행인지 갈릴레오가 이단 포기 선서를 하고 최후 진술을 기록하며 서명하는 것으로 마무리되는 듯했습니다. 그 때가 1633년 6월 22일이었고, 그 장소는 로마의 산타 마리아 소프라 미네르바 수도원이었습니다.

이 종교 재판에서는 이단 심판관들과 갈릴레오 사이에 다음과 같은 심문과 답변이 오갔다고 알려졌습니다.

이단심판관: 이 책(『두 개의 주요한 세계 체계에 관한 대화-프톨레마이오스와 코페르니쿠스』(*Dialogo sopra i due massimi sistemi del mondo, tolemaico e copernicaon*)를 지칭)은 지구가 움직이고 태양은 정지해 있다는 코페르니쿠스의 주장이 옳다는 생각을 조장하는 논리를 담고 있다. 책의 내용을 보면 피고는 코페르니쿠스의 관점을 고수하거나, 적어도 책을 쓰던 당시에는 고수했다는 것을 알 수 있다. 따라서 피고가 솔선해서 진실을 말하기로 하지 않는다면 법의 도움을 얻어 적절한 단계를 밟을 것이다.

갈릴레오: 나는 법원의 명령을 받은 뒤로는 코페르니쿠스의 관점을 고수하고 있지 않습니다. 그 나머지는 여기 이단 심판관님의 처분에 맡깁니다. 뜻대로 하십시오.

이단 포기 선언을 하기 하루 전날 열렸던 이 심문에서 갈릴레오는 고문의 위협을 받았습니다. 당시 고문은 사실상 사형집행과 다르지 않았습니다. 일흔의 노구를 이끌고 이단 심문을 받았던 그는 이미 관절염과 탈장으로 고생을 하고 있었던 상태였고 도저히 고문을 견딜 수 없었을 것입니다. 그러나 그 무엇보다도 과학적 무지와 종교적 독선으로 가득 찬 이단 심판 과정을 거치며 그의 마음은 이미 죽은 것과 다름없었을 것입니다.

드디어 자신의 결백을 왜곡하는 종교지도자들을 향하여 목숨을 걸어야 하는 결단의 시점이 다가왔습니다. 죽느냐 사느냐? 결국 갈릴레오는 복잡한 심경을 정리하고 자신의 유죄를 인정하며 서명한 후 무릎으로 기어가 최후 진술서를 제출했습니다. 그리고 그는 살아 남아서 『두 가지 새로운 과학에 관한 수학적 증명과 논증(*Discorsi e dimostrazioni matematiche intorno a due nuove scienze*)』이라는 대작을 저술하여 세상에 남겼습니다. 이 책은 1638년 여름에 로마 가톨릭 교회의 출판 금지령이 미치지 않는 프로테스탄트 지역인 네덜란드의 암스테르담에서 출판됩니다. 유언집과도 같은 이 책이 출판되어 갈릴레오에게 도착했을 때, 그는 두 눈의 시력을 잃은 상태였다고 합니다. 갈릴레오는 그토록 원했던 자신의 책을 직접 볼 수가 없었지만, 이 명저를 통해서 세상이 바뀌는 것을 보았을 것입니다.

갈릴레오에 대한 역사적 종교 재판 이후 갈릴레오는 프랑스, 영국, 네덜란드 전역에서 더 존경받는 과학자가 되었습니다. 토스카나 대공 페르디난드 2세는 교황에게 갈릴레오를 위한 장례식 조사와 비석을 허락해 달라고 요청하였으나, 교황 우르바노 8세는 아무것도 허락하지 않았습니다. 결국, 갈릴레오는 제대로 된 장례식도 치르지 못한 채, 피렌체의 산타 크로체 교회 봉안당에 묻히고 맙니다.

> 신학자들이여, 이것을 보라. 해는 움직이지 않으며, 지구가 돈다는 사실이 증명될 날이 언젠가 올 것이다. 그날이 오면 당신들은 지구가 가만히 있고 해가 돈다고 주장하는 사람들을 이단자로 몰아세워야 할 것이다. (『두 개의 주요한 세계 체계에 관한 대화』 서문에서)

본래 갈릴레오는 어린 시절 수도원에서 교육을 받았고 수도성직자를 희망하는 소년이었습니다. 그의 아버지는 돈을 잘 벌 수 있는 의사가 되기를 원해서 갈릴레오를 피사의 피사 대학으로 보냈습니다. 그런데 아버지의 기대와는 달리 갈릴레오는 수학을 좋아하게 되었고 수학에서 두각을 나타냈습니다. 결국, 그는 피사 대학에서 수학을 가르치는 교수가 되었다가 1592년부터 파두아 대학에서 가르치게 되었던 것입니다. 갈릴레오는 수학자이자 천문학자로 이름을 떨쳤고, 특히 수학적 모델(예측 차원)을 세운 후에 측정과 실험(검증 차원)을 통해 다시 수학적 모델을 수정하는 최초의 체계적인 과학을 성립시켰습니다. 이러한 공로로 그는 근대 과학의 탄생을 가져온 과학자로 인정받고 있습니다.

갈릴레오는 근대 물리학의 아버지이며 실제로는 근대 과학의 창시자이다.
- 아인슈타인 -

뉴턴의 과학 신학

동방박사들이 진실로 적합한 경의를 표할 수 있었던 마지막 천재는 1642년 크리스마스에 유복자로 태어난 뉴턴이었습니다.
- 경제학자 존 케인즈, 뉴턴 탄생 300주년 기념식에서-

갈릴레오가 시간의 제곱 t^2의 의미를 새롭게 발견하여 가속의 법칙을 정립했다면, 뉴턴(Isaac Newton 1642-1727)은 공간 내에서 거리의 제곱 d^2의 의미를 새롭게 발견하여 이른바 보편적 운동의 법칙을 증명했습니다. 이것은 코페르니쿠스에서 시작되었던 과학 혁명의 완성을 의미하는 것이었습니다. 왜냐하면, 지구 중심의 모델로부터 태양 중심의 모델로의 변환이 이루어졌으나 이는 기하학적인 해결이었지 역학적 해결은 아니었기 때문입니다. 그런데 뉴턴에 의해서 역학적 해결까지 이루어졌고 이러한 의미에서 과학 혁명은 뉴턴에게서 완성되었다고 평가되는 것입니다.

(만유인력의 법칙) 두 물체가 서로 끌어당기는 힘 즉 인력은 두 물체의 질량 m_1 과 m_2에 비례하고 그사이의 거리 제곱 r^2에 반비례한다.[39]

여기서 강조하고 싶은 부분은 인력이 서로 끌어당기는 두 물체 사이의 거리 제곱 d^2에 반비례한다는 데 있습니다. 왜냐하면, 뉴턴이 공간 정보인 거리의 제곱과 인력 사이의 관계를 새롭게 정립해 준 것이기 때문입니다. 이 법칙은 천상의 별의 운동뿐 아니라 지상의 물체들의 운동에도 효과적으로 적용되기 때문에 만유(universal)의 법칙이라고 부르게 되었지요. 뉴턴은 만유인력의 법칙과 운동의 3법칙을 가지고 케플러의 법칙을 수학적으로 증명해 주었습니다. 왜냐하면, 케플러의 법칙이 성립하는 이유에 대해서 뉴턴이 합리적 설명을 해 준 셈이기 때문입니다.

뉴턴의 유명한 미적분은 연속적으로 변화하는 물리량의 변화율(Fluxion)을 수학적으로 다루는 것인데 뉴턴은 이를 속도 함수라고 했습니다. 예를 들어 속도를 미분하면 가속도가 됩니다. 달리 말하면 물체의 운동에서 거리에 대한 정보를 가지고 속도에 대한 정보를 알아내는 것이 미분이라고 할 수 있습니다. 미분에 의해 속도는 거리의 변화율로 정의되고 가속도는 속도의 변화율로 정의되었습니다. 그러므로 미분의 역함수인 적분은 속도에 대한 정보를 가지고 거리에 대한 정보를 알아내는 것인데 가속도를 적분하면 속도가 됩니다. 이처럼 그는 속도와 가속도 사이의 변환 함수를 정의해 준 것이었고 이 미적분은 과학에 대단히 중요한 도구가 되었습니다.[40] 뉴턴의 미적분에서 독립 변수는 다름 아닌 시간이었다는 것에도 주목할 필요가 있습니다.

뉴턴은 신이 인간에게 두 가지 텍스트를 허락했는데, 하나는 성서였고 다른 하나는 자연이라고 생각했습니다. 그래서 뉴턴은 성서와 자연이라는 두 텍스트 내에서 같은 신의 뜻을 읽어내는 것이 자신의 사명이라고 생각했던 것이지요. 그러므로 뉴턴에게 성서를 연구하는 것과 자연을 연구하는 것은 분리될 수 없는 통일된 작업이었습니다. 그래서 종교적 동기와 종교적 신념의 통일된 눈을 통해 과학적 결과와 신학적 결과를 이해해야 합니다. 뉴턴에게는 하나의 신을 위해서 두 종류의 성직자, 곧 (1)성서의 성직자와 (2)자연의 성직자가 되는 일이 사명이었기에 그는 자연의 성직자로서 자연에 관한 연구 못지않게 큰 노력과 시간을 성서의 성직자로서 성서 연구에 바쳤습니다.[41] 이러한 사실은 그가 남긴 연구 결과를 기록한 수기 노트, 초고, 원고 등을 통해서 증명되었습니다. 남겨진 기록의 분량만을 기준으로 보면, 뉴턴은 물리학, 수학, 천문학보다도 성서의 연구 분야에 더 많은 기록을 남겼습니다. 당시 뉴턴이 신학자들 이상으로 구약 성서와 신약 성서를 더 많이 연구했다는 이야기는 결코 낭설이 아니었던 것입니다. 예를 들어 그는 구약 성서의 『다니엘서』와 신약 성서의 『요한계시록』의 예언에 관한 연구를 특히 좋아했고 그것에 대한 해석을 남겨 놓았습니다. 이 중에는 그의 사후에 『다니엘서와 요한계시록의 예언에 대한 고찰』(*Observations upon the Prophecies of Daniel, and the Apocalypse of St. John*, 1733)이란 제목으로 출판된 것도 있었습니다.

뉴턴은 과학과 신학이 충분히 통일을 이룰 수 있다고 생각했습니다. 그래서 주기도문에 있는 '신의 뜻이 하늘에서와 같이 땅에서도 이루어지이다'라는 신학적 명제가 수학과 과학을 통해서도 충분히 입증될 수 있음을 그가 직접 보여준 것입니다. 여기서 주기도문이란 예수 그리스도가 가르친 기도를 말하는데, 그리스도교 내에서는 신이 직접 가르쳐준 표준적 기도를 뜻합니다. 자연과학자로서 뉴턴이 밝힌 운동의 법칙, 만유인력의 법칙 등 자연의 법칙은 하늘(천체)에서와 같이 땅(지구)에서도 그대로 적용되고 실현되는 신의 뜻을 밝혀낸 과학 신학이었습니다. 뉴턴이 추구한 연구는 하늘에서 이루어지는 현상과 땅에서 이루어지는 현상이 다른 원리가 아닌 같은 원리에 의해 적용된다는 것을 새롭게 증명한 작업이었지요. 이런 의미에서 뉴턴이 종교의 핵심을 합리성의 추구로 본 것은 타당했습니다.

뉴턴의 대표작 '필로소피아이 나투랄리스 프린키피아 마테마티카(*Philosophiae Naturalis Principia Mathematica*)' 『자연 철학을 다루는 수학 원리』는 곧 자연이란 텍스트에 수학의 언어로 말씀하신 신의 뜻을 읽고 해석한 과학 신학의 업적이었습니다. 여기서 자연 철학은 그 당시에는 자연 신학을 뜻하는 용어였습니다. 그래서 자연이란 텍스트를 읽어내고 신의 뜻을 해석했던 뉴턴은 자연의 성직자였던 셈이었습니다. 유명한 운동의 3대 법칙은 바로 이 책의 제1권에 나오는 관성의 법칙, 가속도의 법칙 그리고 작용 반작용의 법칙을 말하는 것입니다.

> (제1법칙) 모든 물체는 외부의 힘이 작용하지 않는 한, 정지 상태나 직선상의 등속 운동 상태를 그대로 지속한다.
>
> (제2법칙) 운동의 변화는 물체에 가해진 힘에 비례하며, 그 변화의 방향은 그 힘이 작용하는 방향과 같다.
>
> (제3법칙) 두 물체가 서로 작용하는 힘은 크기가 같고 방향은 반대이다.

이러한 자연법칙의 발견과 증명 작업은 다름이 아니라 신의 뜻을 읽어내는 해석 작업이었으며 곧 뉴턴의 과학 신학 작업이었던 것입니다.

뉴턴이 생각한 신은 '만물을 다스리는 신(*pantocrator*)'이었습니다. 그래서 신은 어디에나 존재하며 또한 영원해야 했습니다. 세계의 절대 공간은 신의 신성한 무대이고, 절대 시간은 신의 영원성과 연결되어 해석되었습니다. 뉴턴은 신이 절대적이고 불변의 속성을 가졌다고 생각했기 때문에 시간과 공간 자체가 궁극적 성격 혹은 절대적 성격을 지닌 것이라고 보았습니다. 그래서 뉴턴은 영원하며 변하지 않는 공간을 '신의 현현'이라고 부른 것이고 질서가 있는 우주를 '신의 감각기관(*sensorium Dei*)'이라고 부른 것이었습니다. 말하자면 하늘과 땅, 천체의 모든 운동이 일어나는 무대는 영원히 변치 않아야 한다고 해석했던 것이지요. 뉴턴이 정립한 고전물리학의 절대적 시간과 공간의 개념 안에는 그의 과학 신학이 그대로 들어있었습니다.

뉴턴은 신이 만들어 준 궁극적 시간과 기하학적 공간을 전제했고, 더 나아가 시간과 공간의 관계는 곧 신의 뜻을 보여준다고 생각했습니다. 다만 그는 역사 속에 자신을 계시하는 신은 섭리에 의해서가 아니라 사건의 과정을 다스림에 의해서 계시한다고 생각했습니다. 그러나 이러한 주장은 본인의 의도와는 달리 세계관의 큰 변화를 가져오는 계기가 되었습니다. 말하자면 신이 만든 세계는 규칙적인 기계와도 같다는 세계관 즉 기계론적 세계관이 지배하게 되었다는 뜻이지요. 그래서 기계론적 세계관을 지지하는 사람들은 신이 우주 내에서 할 일이 없다고 생각하게 된 것이었습니다. 결과적으로 우주를 창조한 신은 그 시간과 공간 외부에 있는 존재가 되었고 인간과는 인격적 관계가 없는 존재로 해석되었습니다. 왜냐하면, 규칙적으로 잘 운행되고 있는 완성된 시간과 공간을 창조한 신이 시간과 공간 내에 개입하여서 할 일은 없다는 논리 때문입니다.

뉴턴에 의해 고전 역학이 완성되었다고 평가하기 때문에 고전 과학을 뉴턴의 과학이라고 보는 생각은 결코 과장된 생각이 아닙니다. 그러나 문제는 고전 과학은 기계적 세계관과 동의어처럼 사용되다 보니, 뉴턴의 세계관도 기계적 세계관일 것이라 오해를 받았던 것이었습니다. 그러나 사실 뉴턴은 유물론(materialism)과 기계론(mechanism)에 적극적으로 반대했고 신학적으로는 이신론(deism)에도 반대한 과학 신학자였습니다. 왜냐하면, 그는 신이 세계 내에 직접 참여하여 신의 뜻에 의해서 물체를 자유로이 움직인다고 생각했기 때문입니다. 그러므로 뉴턴의 신은 이 시간과 공간으로부터 멀리 떨어져서 방관하는 존재가 아니라 시간과 공간에 계속 참여하는 존재였습니다.

> 비록 완전한 존재라고 하더라도 세계를 관장하지 않으신다면 신이 아닙니다.
> (『자연 철학을 다루는 수학 원리』)

이처럼 뉴턴은 '완성된 시계 제작자로서의 신'을 주장한 사람이 결코 아니었습니다. 오히려 그는 시계 태엽장치처럼 움직이는 세계를 거부하고 신이 늘 관장하는 거룩한 시간과 공간을 주장했던 과학 신학자였습니다. 따라서 우주를 기계로 보는 기계론자이거나 신은 우주 내에서 활동할 필요가 없다고 주장하는 이신론자로 뉴턴을 규정하는 것은 명백한 오류입니다. 신으로부터 독립된 자연의 힘이란 개념은 처음부터 뉴턴의 생각 내에 아예 존재하지 않았다고 봐야 합니다.

뉴턴이 죽기 전에 자신의 인생을 돌아보면서 남긴 말을 우리는 꼭 기억할 필요가 있습니다.

> 나는 세상 사람들이 나를 어떻게 보고 있는지 모릅니다. 그러나 나 자신에게 비친 나는 바닷가에서 놀고 있는 소년이었습니다. 거대한 진리의 바다는 아무것도 가르쳐 주지 않으면서 내 앞에 펼쳐져 있는데, 나는 바닷가에서 놀다가 가끔 더 매끄러운 돌과 다른 것보다 훨씬 예쁜 조개를 찾으며 즐거워했습니다.

뉴턴은 자신이 신 앞에서 즐겁게 뛰노는 어린아이와 같은 삶을 살았다고 고백하는 것 같았고, 그래서 자신이 남긴 업적에 대하여도 다음과 같이 고백할 수 있었던 것 같습니다.

> 만일 제가 더 멀리 볼 수 있었다면, 그것은 거장들의 어깨 위에 서 있었기 때문입니다.[42]

자신을 스스로 거장들의 어깨 위에 있는 아이라고 고백할 수 있는 과학 신학의 거장이 바로 뉴턴이었습니다. 그리고 현대 과학자들은 다시 이 위대한 거장의 어깨 위에 서서 더 멀리 볼 수 있었던 것입니다. 아인슈타인도 역사상 가장 위대한 과학자로 뉴턴을 인정했습니다. 이 위대한 과학 신학자 뉴턴의 죽음 앞에서 영국의 계관시인 알렉산더

포프는 그의 죽음을 기리며 지금도 회자되고 있는 유명한 비문을 남겼습니다.

> 자연과 자연 법칙이 밤의 어둠 속에 감추어져 있었노라. 신께서 말씀하시기를 "뉴턴 있으라" 하시니 모든 것이 밝혀졌노라.[43]

시간, 공간, 그리고 시공간

이론과 실험을 결합하는 근대 과학의 창시자로 불리는 갈릴레오는 시간의 시간 t^2을 밝혀 가속의 개념을 정의해 주었고, 근대 과학의 완성자로 불리는 뉴턴은 힘을 정의하고 운동의 법칙을 규명해 주었습니다. 앞에서 우리는 그들의 과학적 업적과 그 의미를 충분히 해석하기 위해서 과학 신학적 접근이 꼭 필요하다는 것을 경험했습니다.

갈릴레오와 뉴턴은 자연 현상을 신의 뜻이 실현된 사건이라고 생각했습니다. 더 나아가 자연의 법칙 안에 들어있는 신의 뜻을 이해하기 위한 두 가지의 텍스트가 있는데, 그 하나는 성서이고 또 다른 하나는 자연이라고 정의했습니다. 그러므로 사람이 읽어내는 방법은 다를 수 있으나 그 결과는 하나의 진리로서 모순될 수 없다고 믿었습니다.

그러나 실제 해석의 결과가 모순되거나 양립할 수 없을 경우 혹은 갈등이 발생할 경우, 그 문제를 풀어가는 방법에 대하여 갈릴레오와 뉴턴은 구체적으로 보여주지 못했습니다. 성서의 특수성 대 자연의 보편성 논쟁으로 발전되면 그 간격을 좁히거나 서로가 만족할 만한 결론을 내리기가 상당히 어렵습니다. 두 인물이 겪은 매우 어려웠던 갈등의 사건들을 지켜보고 다음과 같은 생각에 잠길 수도 있지요. 갈등에 직면하기보다는 차라리 처음부터 성서와 자연을 각각 분리되고 무관한 영역의 텍스트로서 인정하고 성서에는 은유적 해석을 적용하지만, 과학에는 수학적 해석을 적용하는 것이 현실적으로 바람직한 대안이 아닐까? 갈릴레오와 뉴턴이 남긴 과학 신학의 숙제는 계속 남아있습니다.

갈릴레오와 뉴턴의 새로운 공헌에서 주목해야 할 다른 부분은 바로 이론과 실험의 상응 관계 설정입니다. 말하자면 그들의 과학 신학은 이론과 실험 사이의 상응 관계를 추구하는 특성이 있었다는 것이지요. 그들은 수학적 이론과 물리적 실험이라는 두 도구를 통해서 일반적으로 적용될 수 있는 자연 법칙 혹은 신의 뜻을 찾아내고자 했습니다. 이점은 근대 과학의 성격을 대변하기도 합니다. 그러나 신의 뜻이 아니라 신 자체에 대하여 직접 실험 또는 관측을 할 수 있을까요? 달리 말하면 신에 대하여 정말 이론작업과 실험작업의 상호보완을 할 수 있겠습니까? 자연 법칙이 신의 뜻과 일치한다고 하더라도 그 법칙이 신에 적용되면 문제가 생깁니다. 왜냐하면, 앞에서 말한 바와 같이 법칙은 공통성과 보편성을 가진 것이어야 하므로 법칙의 적용을 받는 신은 특별한 존재가 아님이 증명되기 때문입니다.

시간과 공간의 본질에 대한 새로운 설명에 이어 운동의 법칙을 새롭게 제시하며 고전 역학을 완성한 뉴턴이 시간과 공간을 절대적 기준으로 삼은 것은 그의 역학 시스템을 구성하기 위해 불가피한 면이 있다고 해도, 시간과 공간을 불변의 절대적 기준으로 전제한 것은 세 가지 어려운 문제를 남겼습니다.

(1) 뉴턴의 성과는 그가 의도했던 것과는 달리 세계를 일종의 기계로 해석하는 기계론 혹은 기계적 세계관의 근거가 되었습니다. 뉴턴의 논리를 따르다 보면, 세계를 기계로 볼 수 있다는 결론을 내려도 막을 도리가 없습니다. 왜냐하면, 절대성을 시간과 공간이 함유하고 있다고 볼 때 신의 초월성을 설명하기 위해서는 (i)현재의 신과 세계를 철저히

분리하거나 (ii)새로운 과학 신학적 근거를 제시해야 하기 때문입니다.

(2) 마치 데카르트가 완전성을 신과 논리적으로 결부시킨 후 신의 존재 증명에서 모순이 발생했듯이, 뉴턴이 절대성에 대해 정의를 하지 않고 사용할 경우 신, 시간, 공간이 가지는 의미 사이에 모순이 생길 수 있습니다. 먼저 절대성을 설명하는 명확한 정의가 필요하고, 그다음 적용할 수 있는 범위에 대한 제한이 있어야 합니다.

(3) 뉴턴이 시간과 공간을 두 개의 실재하는 시스템으로 분리한 상태에서 둘의 관계를 새롭게 해석하고자 하였으나, 여전히 시간과 공간을 하나의 시스템으로 묶지 못한 한계를 지니고 있습니다. 이러한 한계는 하나의 신과 하나의 불변 기준을 제시한 아인슈타인에 의해서 해결됩니다. 그는 시간의 정보를 공간의 정보로 보았고, 공간의 정보를 시간의 정보로 보았습니다. 그리고 아인슈타인은 새로운 불변의 기준으로 '빛의 속도 c'를 전제하면서 새롭게 시공간에 대한 상대성이론을 구성했습니다. 과거의 시간과 공간의 분리가 여기서 하나의 4차원 시공간으로 결합하면서 시공간은 변동되는 상대적 존재로 해석되었습니다. 그는 신이 활동하는 무대는 절대적인 하나가 아니라 다양하고 상대적인 무대라는 것을 보여주었고, 그 절대적 기준을 빛의 속도에서 찾아야 한다고 증명한 셈이지요. 이렇게 시공간의 존재에 대한 풍부한 해석이 가능해졌다는 관점에서는 진일보하였으나, 아직 시간, 공간, 시공간 그 자체에 대하여 우리는 명확하게 규명하지 못하고 있습니다. 시간, 공간, 시공간에 대한 이해. 이것이야말로 과학 신학이 풀어야할 가장 중요한 주제일 것입니다.

Ⅳ

근현대의 과학 신학

9

신의 무한, 칸토르의 과학 신학

신의 문제는 인간이 다루어 왔던 가장 오래된 문제였고 무한의 문제는 인간이 다루어 왔던 가장 거대한 문제였습니다. 20세기의 수학자이자 물리학자였던 바일(Herman Weyl, *Philosophy of Mathematics and Natural Science*)은 현대 수학을 무한에 관한 연구라고 정의했는데, 종교적 직관과 같은 방향을 가진 연구를 보여준다고 생각했기 때문이었습니다. 바일은 순수한 수학적 탐구가 다른 어떤 수단보다도 신의 문제에 가장 가까이 도달할 수 있게 해 주는 것이라고 보았지요. 이러한 해석을 실현 가능케 한 수학자가 있었습니다. 집합론을 창시하여 현대 수학의 문을 열었던 칸토르(Georg Cantor 1845-1918)였는데 그는 신을 이해하기 위해서 무한의 신비에 도전했던 과학 신학자였습니다.

무한은 현실태(actuality)로서의 양인가 아니면 가능태(potentiality)로서의 양인가? 신학과 과학의 전문가들은 현실태로서의 무한을 실무한(actual infinity)이라고 불렀지만, 가능태로서의 무한을 가무한(potential infinity)이라고 불렀습니다. 아리스토텔레스의 주장을 따르는 사람들은 가능태로서의 무한만을 인정했기 때문에 현실태로서의 무한이라는 개념을 거부했었습니다. 왜냐하면, 완결된 형태의 무한이 실현된다는 것이 불가능하다고 생각했기 때문에 실무한은 모순을 일으킨다는 해석 때문이었지요. 그런데 칸토르가 19세기 말에 무한에 대한 아리스토텔레스의 주장이 잘못되었음을 증명했습니다. 그는 무한을 '양'이 아니라 '집합'으로 이해했다는 점에서 차원이 다른 접근을 했고 실무한이 존재함을 증명했는데, 수를 세는 방법이 아니라 대응(correspondence)하는 창의적 방법으로 문제를 해결했던 것입니다. 이를 통하여 칸토르는 (1) 무한 집합의 부분 집합이 전체 무한집합과 크기가 같다는 정리, (2) 무한 집합의 멱집합은 더 큰 무한 집합이라는 정리, (3) 자연수로 이루어진 무한 집합과 실수로 이루어진 무한집합의 각각의 크기가 다르다는 정리 등을 통하여 실무한이 존재할 뿐만 아니라 실무한에는 계층이 존재한다는 증명을 남겼습니다. 그래서 그는 무한에 대한 사람들의 생각과 이해에 혁명을 불러일으켰다는 평가를 받고 있습니다.

초한과 절대 무한

칸토르의 증명 이전에 무한의 영역을 지배해 오던 가무한을 대체하여 칸토르의 실무한이 새로운 지배를 시작해야 하는 상황이 전개되었습니다. 이것은 칸토르가 실무한 사용의 정당성을 논리적으로 보증했고 무한에 대한 개념을 혁명적으로 바꾸어 놓았기 때문이었습니다. 이 혁명은 수학계로부터 시작하여 지성계 전반에 큰 파장을 불러일으켰는데 특히 19세기까지 무한에 관한 연구가 자신들의 고유한 영역이라고 생각했던 신학과 철학의 전문가들은 칸토르의 새로운 주장을 인지한 후에 어떤 식으로든 자신들의 의견을 결정해야 하는 상황에 직면하게 되었습니다. 수학계와 신학계 내에서 칸토르의 혁명은 초기에는 일종의 반란 정도로 여겨졌는데, 반발 혹은 반대의 움직임은 때로는 개인적 관계 속에서 일어났고 때로는 사회적 관계 내에서 일어나기도 하였습니다. 예를 들어 칸토르의 선생이었던 크로네커(Leopold Kronecker 1823-1891)교수가 보여준 분노와 공격 때문에 칸토르는 논문 출판이나 교수직 등과 관련하여 여러 가지 불이익을 당하기도 했습니다. 크로네커는 정수만이 신이 만든 수이고, 나머지는 모두 인간의 창작물이라는 견해를 고수하면서 칸토르를 인정하지 않았습니다만, 오늘날 대부분의 수학자는 칸토르를 인정하고 있습니다.

칸토르가 논쟁의 중심에 위치하게 된 것은 무한에 대한 새로운 개념 때문이었습니다. 그 때까지 수학자들이 생각하는 무한의 종류에 관한 생각은 다음과 같았습니다(D. Hilbert, "On the Infinite").

(1) 해석학에서 무한대와 무한소를 극한(limit)으로 다루고자 하는 사람들은 무한을 무엇인가 되어가는 것이나 무엇인가 생산되는 것으로 다루고자 할 수 있습니다. 이러한 종류의 무한을 가무한(the potential infinite)이라고 불렀습니다.
(2) 무한의 실재를 1, 2, 3, 4 … 의 전체(totality)를 하나의 완결된 단일체로 생각할 때, 또는 어떤 구간의 점들을 대상들의 한 전체로 생각할 때, 무한을 가질 수 있습니다. 이러한 종류의 무한을 실무한(the actual infinite)이라고 불렀습니다.

이에 대하여 칸토르는 가무한과 실무한에 대한 정의를 다음과 같이 설명했습니다("Mitteilungen zur Lehre vom Transfiniten V").

(1) 가무한: 그리스어로는 아페이론(*apeiron*)에 해당합니다.

어떤 특정되지 않은 '가변적인 유한한' 크기가 모든 유한한 한계를 넘어서 커지거나 (이를테면 시간이 그렇다고 생각될 수 있는데, 특정 시점으로부터 세기 시작할 때 그렇습니다.) 작은 것의 모든 유한한 한계 밑으로 작아질 때(이를테면 미분에 관한 생각이 그렇습니다) 그것을 주로 가무한이라고 합니다. 일반적으로 말하자면, 수없이 많게 규정될 수 있는 '정해지지 않은' 크기가 대상이 될 때마다, 저는 가무한이라고 봅니다.("Mitteilungen zur Lehre vom Transfiniten V")[44]

여기서 가무한에 대한 칸토르의 정의에 주목할 필요가 있는데 이러한 정의에 덧붙여 그는 가무한을 '비유적인 무한'이라고 표현했습니다("Mitteilungen zur Lehre vom Transfiniten V"). 말하자면 가무한은 진정한 본래의 무한이 아니라는 뜻이었습니다. 가무한은 언제나 실무한의 실재성을 빌려서 실무한을 지시한다고 본 것입니다. 그래서 칸토르는 스콜라 신학자들이 '신카테고레마티코스(*synchategorematichos*)'라는 그리스어 형용사를 붙인 것은 적절했다고 평가했던 것입니다. 여기서 '신카테고레마티코스'란 용어는 단독으로는 뜻이 없고 실무한과 연관될 때에만 어떤 의미가 있을 수 있다는 논리적 장치로 사용되는 것입니다.

(2) 실무한: 그리스어로는 아포리스메논(*aphorismenon*)에 해당합니다.

반면에 실무한은 변하지 않으며, 모든 면에서 고정되어 있고, 특정되어 있고, 정확한 상수라고 할 수 있습니다. 동시에 모든 유한한 크기를 크기에서 넘어서는 양을 의미합니다. 모든 유한한 양의 정수의 전체를 예로 들 수 있습니다. 이 집합은 그 자체로서 하나의 대상을 이룹니다. 이에 속하는 수의 자연스러운 결과는 물론이고 모든 면에서 고정되고 특정된 양을 이룹니다. 즉 아포리스메논(*aphorismenon*)입니다. 그것은 모든 유한한 수의 전체보다 크다고 할 수밖에 없습니다. 다른 예로는 어떤 원 위에 놓여 있는 모든 점의 전체가 있습니다. (“Mitteilungen zur Lehre vom Transfiniten V”)

그의 정의에 의해서 실무한은 크기에 따라 증가할 수 없을 것이라는 결론은 도출될 수 없었는데, 크기에 따라 증가할 수 없을 것이라는 가정이 잘못된 가정임을 그가 밝혔기 때문이었습니다. 달리 말하면 이 잘못은 고대 철학으로부터 중세 스콜라철학을 통해서 19세기의 철학에 이르기까지 보편적으로 퍼져있었던 오류였던 것입니다.

> 실무한 수의 가능성을 부정하는 모든 증명의 주요 오류는 문제의 대상이 되는 수에 유한수의 모든 성질을 기대하고 강요까지 한다는 점에 있습니다. 근본적 오류는 거기에 있는 것입니다(“Über die verschiedenen Standpunkte in bezug auf das aktuelle Unendliche”).

유한에 대한 부정으로서의 무한을 정의하는 것, 달리 말하면 유한에 대한 부정으로서 무한을 정의하는 것은 오류이며, 무한 자체에 대한 이해를 가로막는 일이었던 것입니다. 칸토르의 이러한 분석은 타당합니다.

수학자들이 실무한을 거부한 가장 큰 이유는 논리적 모순이 생긴다고 생각했기 때문이었고 신학자들이 실무한을 거부한 가장 큰 이유는 신의 유일하고 절대적인 속성에 대한 도전이 된다고 생각했기 때문이었습니다. 칸토르는 실무한을 반대하는 주장 가운데서는 아퀴나스의 주장(*Summa theologiae* I, q.7, a.4)이 가장 완성도가 높은 형태라고 보면서 다음과 같이 아퀴나스의 논리를 분석했습니다.

> (I) 다수의 실무한이 존재한다는 것은 불가능합니다. 모든 다수는 ‘어떤 다수의 종류 안에’(*in aliqua specie multitudinis*) 있어야 하기 때문입니다. 다수의 종류는 수의 종류(*species numerorum*)에 의존합니다. ‘어떠한 수의 종류도 무한한 것은 없습니다’(*nulla autem species numeri est infinita*). 그

것은 어떤 수라도 1을 통해서 나오는 것이기 때문입니다. 그러므로 다수의 무한이 현실적으로 존재한다는 것은 그 자체로도 불가능하고, 우연적으로도 불가능한 것입니다.[45] (위의 이탤릭은 칸토르가 강조한 표시)

여기서 1은 단위로서의 일자(*unum*)를 의미합니다. 아퀴나스 시대에는 모든 수가 단위 일로부터 만들어져 나온다고 생각했기 때문에 아퀴나스는 이렇게 만들어진 수가 무한히 많아진다고 해도 실무한은 존재할 수 없다고 주장했던 것입니다. 또한 다수의 실무한, 즉 여러 개의 실무한이 존재한다고 가정해도, 결국 종류에 의존해야 한다고 볼 때, 종류는 수에 의존하게 된다는 생각을 했던 것입니다. 수의 종류가 무한할 수 없기 때문에 다수의 실무한이란 부정된다는 주장이 전개되고 있습니다("Mitteilungen zur Lehre vom Transfiniten V").

(II) 자연에 있는 모든 다수는 창조된 것입니다. 창조된 모든 것은 창조자의 '어떤 일정한 의도 아래에'(*sub aliqua certa intentione*) 포함됩니다. 다시 말하자면 공연히 어떤 작용을 하는 대행자는 없습니다. 그러므로 모든 창조된 것들은 필연적으로 일정한 수에 포함되어야 합니다. 따라서 다수의 실무한이 존재한다는 것은 불가능하고, 또한 우연적으로도 불가능한 것입니다.[46] (위의 이탤릭은 칸토르가 강조한 표시)

실무한을 반대하는 위의 아퀴나스 주장에는 여타의 반대 주장들과 달리 내부의 논리적 오류가 없으므로 쉽게 무효화될 수 없었습니다. 여기서 칸토르는 아퀴나스의 반론을 극복하기 위해서 상반된 결과를 직접 보여주는 '긍정적' 방식이 필요하다고 판단했습니다. 이를 위하여 칸토르는 (i) 초한과 초한 순서수 타입이 유한과 마찬가지로 세계 내에 존재함을 보여주어야 했고, (ii) 초한이 유한의 좁은 영역보다는 풍부한 형태를 가진 수의 종류가 존재함을 보여주어야 한다고 생각했습니다("Mitteilungen zur Lehre vom Transfiniten V"). 칸토르는 실무한으로서의 자연수, 정수, 유리수, 무리수, 실수 등을 수학적으로 모순 없이 다루면서, 자연수의 기수 $\aleph_0$와 실수의 기수 $\aleph_1$가 다름을 증명하여 실무한의 종류가 다름을 입증하는 작업에 성공했습니다. 결국, 칸토르는 초한에 대한 증명을 통해 초한의 '종류'들이 존재하며, 유한의 수와 마찬가지로 신의 의도와 의지대로 창조되고 사용되었음이 충분히 증명되었다고 생각했습니다. 이로써 칸토어는 실무한에 대한 아퀴나스의 이해가 불충분함을 증명했습니다. 아퀴나스에 반대한 실무한 논증은 무한에 대한 인식론적인 의미와 동시에 존재론적인 의미를 제공하고 있었습니다.

실무한을 긍정하는 논거를 칸토르는 4세기의 위대한 기독교 사상가 아우구스티누스에게서 발견했습니다("Mitteilungen zur Lehre vom Transfiniten V"). 아우구스티누스가 정수 수열의 전체를 실무한의 양으로 여기고 다루었기 때문이었습니다. 칸토르는 아우구스티누스의 『신국(*De civitate dei*)』 XII.19에서 이러한 해석의 근거를 찾았는데, 이 가운데 칸토어가 특히 강조한 부분은 다음과 같았습니다.

> (1) 또한 각각의 수는 자기 고유의 속성에 의해서 정의되어 있으므로 그 어느 수도 다른 수와 같을 수 없습니다. 그러므로 수들은 서로 같지 않고 상이하며, 개체의 수는 유한하고, 전체의 수는 무한합니다.[47]

여기서 아우구스티누스는 수의 유한과 수의 무한을 구별했는데, 이것에 대하여 칸토르는 개체의 수는 무한할 수 없고 전체의 수는 유한할 수 없다는 것으로 해석했습니다("Mitteilungen zur Lehre vom Transfiniten V").

> (2) 그분(신)의 [절대적] 지성은 무한합니다.[48]

이것은 신의 지혜는 헤아릴 수 없다는 구약성서의 시편 147편 5절에 대한 아우구스티누스의 해석이었습니다. 이것에 대하여 칸토르는 [절대적](*absolutae*)이라는 의미를 추가했습니다. 무한한 수를 셀 수 있는 [유한의](*finitus*) 수는 없지만, 무한은 신의 절대 지성 안에 있다는 것입니다. 그러므로 수의 무한은 신이 파악하지 못할 대상이 아니었습니다("Mitteilungen zur Lehre vom Transfiniten V").

> (3) 신이 선행하던 것과는 같지 않고 새로운 후속의 대상을 만들고자 한다면, 언제나 신은 질서 없이 갑자기 만들지 않습니다. 또 가장 가까운 시간으로부터 준비하는 것이 아니라 영원한 선행적 지혜로 대상을 형성할 것입니다.[49]

신이 질서 없이 갑자기 새로운 것을 만들지 않는다는 아우구스티누스의 주장에 칸토르는 동의했습니다. 그리고 그는 신의 일은 시간의 무한을 전제로 가진 질서와 관련되어 있다고 해석했습니다.

칸토르는 아우구스티누스의 무한을 분석하면서 세 가지 결론에 도달했습니다.

(i) 초한에 대하여 아우구스티누스의 주장보다 더 단호하게 주장할 수 없습니다.

(ii) 초한에 대하여 아우구스티누스의 증명보다 더 완전하게 증명할 수 없습니다.

(iii) 초한에 대하여 아우구스티누스의 변론보다 더 잘 변론할 수 없습니다.

아우구스티누스는 집합에 대한 전체적이고 직관적인 지각을 신에게서 오는 '어떤 형언할 수 없는 방식'이라고 주장했습니다. 칸토르가 보기에 아우구스티누스는 집합을 실무한적 전체로서의 형상(*formaliter*),

말하자면 초한으로 인정한 것이었습니다. 이를 근거로 칸토르는 아우구스티누스의 논리를 따를 수밖에 없다는 위의 결론에 도달했던 것입니다("Mitteilungen zur Lehre vom Transfiniten V").

아우구스티누스의 무한 개념을 계승했다고 여긴 칸토르는 실무한에 대한 해석을 다음과 같이 세 가지 관계를 기준으로 정립했습니다("Über die verschiedenen Standpunkte in bezug auf das aktuelle Unendliche").

(1) 세상을 초월하고 영원하고 전능한 신 안의 또는 세상을 창조한 존재 안의(*in Deo extraumndano aeterno omnipoteni sive natura naturante*) 실무한에 대하여, 절대라고 지칭했습니다.
(2) 구체 안의 또는 창조된 세계 안의(*in concreto seu in natura naturata*) 실무한에 대하여, 초한(*Transfinitum*)이라고 지칭했습니다.
(3) 추상 안의(*in abstracto*) 실무한에 대하여, 초한 또는 초한수 또는 초한 순서수 타입으로 인식했습니다.

(1)은 '절대 무한'이며 증가할 수 있지 않지만, (2)와 (3)의 무한은 제한적이고 증가할 수 있는 실무한이었습니다. 칸토르는 절대 무한에 관하여 연구하고 말할 수 있는 것을 규정하는 일은 신학의 영역이고, 초한에 대한 질문들은 주로 수학과 형이상학의 영역에 속한다고 보았습니다. 여기서 칸토르는 (1)을 긍정했습니다.

칸토르는 (2)와 (3)의 문제를 다루면서 다음의 네 가지 입장을 정리했습니다. 이 분류를 통하여 우리는 칸토르의 무한에 대한 입장을 분명히 확인할 수 있습니다.

(I) 실무한이 (2) *in concreto*에서 부정되고, (3) *in abstracto*에서 부정되는 경우
(II) 실무한이 (2) *in concreto*에서 긍정되고, (3) *in abstracto*에서 부정되는

경우

(III) 실무한이 (2) *in concreto*에서 부정되고, (3) *in abstracto*에서 긍정되는 경우

(IV) 실무한이 (2) *in concreto*에서 긍정되고, (3) *in abstracto*에서 긍정되는 경우

(I) 게르딜, 코시, 모이그노, 소위 실증주의자들, 그리고 교황 레오 XIII가 1879년 8월 4일에 내린 교황 교서 '성 토마스 아퀴나스 천사 박사의 사상에 입각한 기독교 철학에 대하여'(*De philosophia Christiana ad mentem Sancti Thomae Aquinatis Doctoris Angelici in scholis catholicis instauranda*)에 의해 매우 큰 영향을 받은 신스콜라학파의 일부 등이 실무한이 (2) *in concreto*에서 부정되고, (3) *in abstracto*에서 부정되는 경우에 속했습니다.

(II) 데카르트, 스피노자, 라이프니츠, 로크 등은 실무한이 (2) *in concreto*에서 긍정되고, (3) *in abstracto*에서 부정되는 경우에 속했습니다.

(III) 신스콜라학파의 일부 등이 실무한이 (2) *in concreto*에서 부정되고, (3) *in abstracto*에서 긍정되는 경우에 속했습니다

(IV) 칸토르 자신은 실무한이 (2) *in concreto*에서 긍정되고, (3) *in abstracto*에서 긍정되는 경우에 속했습니다. 그는 사실상 이 입장을 옹호하는 사람은 거의 없다고 밝히면서 다음과 같이 자신의 확고한 태도를 보여주었습니다.

> 이 입장을 확신하고 끝까지 옹호하는 사람은 내가 처음일지도 모르지만, 이 입장을 옹호하는 사람은 결코 내가 마지막이지는 않을 것이라고 확신합니다("Mitteilungen zur Lehre vom Transfiniten V").

칸토르는 실무한으로서의 초한과 절대 무한을 이해하기 위한 또 다른 기준으로 '증가'를 새롭게 제시했습니다("Mitteilungen zur Lehre vom Transfiniten V").

(2-a) 초한(*Transfinitum*): 증가 가능한 실무한

(2-b) 절대 무한(*Absolutum*): 증가 불가능한 실무한

이 정의에는 수학적인 의미와 신학적인 의미가 공존하고 있었습니다. 칸토르가 보여주었던 실무한의 예는 모두 (2-a)에 포함되는데 오메가 ω로 표현하는 수, 즉 가장 작은 초한 순서수도 (2-a)에 속하는 것이었습니다. 왜냐하면, 가장 작은 초한 순서수 ω는 증가될 수 있는 실무한이기 때문이었습니다. 또한, 가장 작은 실무한의 기수도 초한이므로 가장 작은 기수도 증가 가능하다는 것이었습니다. 결국, 초한은 매우 다양한 형태로 나타날 수 있었습니다. 칸토르가 보기에 이러한 초한에는 모순이 없었기 때문에, 초한이야말로 제노(Zeno)부터 볼차노(Bolzano)에 이르기까지 학자들이 두려워했던 무한의 모순을 이해하고 극복할 수 있는 길이었습니다.

칸토르는 초한이 반드시 어떤 절대 무한을 지시한다고 보았습니다. 그러므로 초한을 설명하기 위해서는 절대 무한이 필요한 것이었는데 칸토르는 절대 무한을 '진정한 무한'이라고 했습니다("Mitteilungen zur Lehre vom Transfiniten V"). 절대 무한은 더해지거나 감해질 수 없기에 양적으로는 '절대적 최대'(Maximum)로 간주하여야 한다는 것이었습니다. 말하자면 절대 무한은 인간의 이해를 넘어서 존재하는 초한이었던 것입니다. 절대 무한은 분명히 존재하지만, 그 절대 무한이 수학적으로 규정될 수는 없다는 것이 칸토르의 결론이었습니다. 예를 들어 모든 순서수의 클래스(class)를 생각해 볼 때, 모든 순서수의 집합은 모순이지만 존재할 수 있는 모든 순서수의 클래스는 모순

이 아닙니다. 그러므로 모든 순서수의 클래스가 존재하지만, 이 거대한 클래스가 가지는 모든 속성을 설명할 수가 없습니다. 현대 집합론에서 사용하는 반영 원리(reflection principle)도 좋은 사례가 됩니다.[50] 반영 원리는 모든 집합으로 구성된 '절대 전체영역'(absolute universe)이 무한할 때, 보편적인 무한 집합이 존재함을 주장하기 위해 사용되고 있습니다. 이 반영 원리는 어떤 절대적 속성을 설명하고자 할 때, 반드시 그 속성을 가진 대상보다 더 작은 대상이 존재함을 보여줍니다. 절대적 대상이 너무 크기 때문에 택할 수 없으면 결국 절대적 대상 보다는 작은 대상을 다루는 것입니다. 예를 들어 반영 원리에 의해서 체르멜로-프랭켈 공리체계 ZF의 임의의 유한 정리들에 대하여 모델이 존재할 수 있다는 것입니다. 절대 무한의 존재에 대한 긍정과 절대 무한의 인식에 대한 부정은 칸토르가 주장했던 과학 신학의 일면을 잘 보여줍니다.

초한은 이해될 수 있는 실무한이었습니다. 초한은 절대 무한과는 다른 차원의 실무한이라는 것을 우리는 확인할 수 있었습니다.

(1) 초한은 신을 인식할 때 가능한 넓은 영역을 제공할 수 있는 실무한입니다.
(2) 초한은 창조된 세계 내에서 어느 정도 다양한 관계들 안에서 실현성을 가지고 존재합니다.

그래서 칸토르는 이해 가능성을 가진 초한이야말로 신학자들과 그리스도교를 지원하는 매우 귀중한 도구라고 제안했던 것이었습니다. 칸토르는 실무한을 다음의 세 가지 실무한으로 이해하고 체계적으로 다루었습니다("Über die verschiedenen Standpunkte in bezug auf das aktuelle Unendliche").

(1) 절대 무한은 '신 안에서(*in Deo*)' 실현되는 무한입니다. 이는 신학적 무한 개념에 해당됩니다. 칸토르는 절대 무한이 가장 완전한 형태로 실현되는 무한이고, 독립적이고 초월적인 존재인 신에 의해서 실현되는 무한이라고 생각했습니다. 절대 무한은 신학의 영역이 전제된 무한이라고 이해할 수 있습니다.

(2) 물리적 무한은 구체적인 세계 내에(*in concreto*) 있는 구체적인 무한입니다. 신에 의해서 만들어진 물리적 세계는 발연적 속성을 가지고 있으므로 필연적이지 않지만 불가능하지 않습니다. 예를 들어 무한히 작은 입자들로 이해되는 물리적 세계와 관련된 실무한인 것입니다. 물리적 무한은 물리학의 영역이 전제된 무한이라고 이해할 수 있습니다.

(3) 수학적 무한은 추상적 세계 내에 (*in abstracto*) 있는 무한입니다. 칸토르가 보여준 추상화된 초한이 대표적입니다. 예를 들어 마음의 생각으로부터 추상화되는 수학적 양과 수 등의 실무한인 것입니다. 수학적 무한은 수학의 영역이 전제된 무한이라고 이해할 수 있습니다.

위에서 칸토르가 정의한 무한에 따라서 대표적인 수학자들의 입장을 정리해 보면 다음과 같습니다(R. Rucker, *Infinity and the Mind*).

	(1) 절대적 무한	(2) 물리적 무한	(3) 수학적 무한
칸토르 Georg Cantor	긍정	긍정	긍정
플라톤 Plato	부정	긍정	부정
브라우베르 L. E. J. Brouwer	긍정	긍정	부정
힐베르트 David Hilbert	부정	부정	긍정

	(1) 절대적 무한	(2) 물리적 무한	(3) 수학적 무한
러셀 Bertrand Russell	부정	긍정	긍정
괴델 Kurt Gödel	긍정	부정	긍정
로빈슨 Abraham Robinson	부정	부정	부정

칸토르가 실무한의 존재를 수학적으로 입증하고 보여 준 것은 초유의 사건이었습니다. 무한은 단지 유한의 부정이 아니라 그 자체로 긍정되어야 하는 실재로 증명되었던 것입니다. 고대의 해석대로 무한은 질서의 파괴나 질서의 부정이 아니라, 칸토르의 해석대로 무한은 그 자체로 엄연히 하나의 아름다운 질서가 되었습니다. 아리스토텔레스 이후 가무한으로서만 존재해야 하던 무한에게 칸토르는 실무한으로서의 존재 양식을 새롭게 부여해 주었습니다. 칸토르에 의해서 무한을 그 단위 자체로 볼 수 있는 길이 열리게 되었던 것입니다. 유한한 인간은 결코 실무한을 다룰 수 없다고 생각하던 시대를 극복하며 칸토르가 실무한으로서의 무한을 수학적으로 규정함으로써 가무한은 변수적 유한(the variable finite)으로 규정되었습니다.

칸토르와 로마 가톨릭 추기경의 토론

1887년 8월 4일 교황 레오 13세 (Leo XIII)는 교황 회칙 '영원하신 아버지(*Aeterni Patris*)'를 발표했습니다.[51] 이 회칙에서 교황은 근대 과학과 그리스도교 신학의 화해를 기대하고 촉구했는데 이 회칙의 결과로 로마 가톨릭 내의 신학자들은 자연과학과 수학에 관하여 관심을 가지고 공부를 할 수 있는 지적 환경을 얻게 되었습니다. 이러한 상황 속에서 칸토르는 집합론과 무한에 대한 올바른 이해가 로마 가톨릭 교회에 도움이 될 수 있다고 확신했고, 주요 신학자들에게 서신을 보냈습니다. 이때 칸토르가 교류했던 신학자 가운데는 추기경 프란첼린(J. Franzelin), 구트베어레트(C. Gutberlet), 페쉬(T. Pesch), 혼트하임(J. Hontheim), 예일러(I. Jeiler), 에세르(T. Esser)등이 포함되어 있었습니다. 칸토르는 신학자들의 의견을 경청했고 비록 자신은 로마 가톨릭 교회에 소속된 교인이 아니었으나 로마 가톨릭 교회의 공식적 교리로부터 멀어지는 것을 원치 않았습니다.

칸토르는 로마 가톨릭의 대표적 신학자이자 추기경인 프란첼린에게 자신의 논문 "실무한과 관련된 다양한 입장들에 관하여("Über die verschiedenen Standpunkte in bezug auf das aktuelle Unendliche")"를 동봉하여 1885년 12월 17일 자의 편지를 보냈습니다(*Georg Cantor - Briefe*). 이 서신을 보면 세 가지를 명확히 알 수 있습니다.

(1) 칸토르는 자신의 구상에 대하여 가톨릭 신학자들의 검토를 받기를 원하고 있습니다.
(2) 칸토르는 프란첼린이 자신의 실무한에 관한 주장을 무조건 부정하지 않고 인정할 수 있다고 기대하고 있음이 드러났습니다.
(3) 칸토르는 이미 1년 전에 실무한의 개념과 관련된 연구를 프란첼린 추기경께 알려드린 바 있다고 밝히고 있습니다.

신 그리고 절대 무한과 관련하여 칸토르와 로마 가톨릭 교회 사이의 신학적 쟁점은 (I) 범신론과 무신론 문제와 (II) 신의 자유와 필연성의 갈등으로 요약될 수 있었습니다.

칸토르가 세계의 실무한을 믿은 것은 타당한가? 전통적으로 신학자들에게는 창조자 신과 창조물 세계 사이의 구별에 대한 주요 요소로서 무한성과 유한성이 필요했었습니다. 세계의 유한성 주장은 무신론과 범신론에 대한 일종의 방어 장치로 사용되었기 때문이었습니다.[52] 만일 세계가 유한하다는 속성으로 생각하는 속성이 어느 순간에 무한의 속성으로 증명된다면 신에 대한 이해에 큰 도전이 되는 것으로 여겨질 수 있기 때문이었던 것이지요. 이러한 신학적 반론을 정리해 보면 다음과 같습니다.

(A) 무한을 포함하고 있는 세상이 신이 된다면, 이 문제는 잠정적으로 범신론(pantheism)으로 연결될 수 있다.
(B) 세상이 단지 무한한 것이고, 세상이 신이 되기 위할 필요가 전혀 없다면, 이 문제는 원칙적으로 무신론으로 연결될 수 있다.

(I)의 범신론과 무신론의 문제 제기에 대하여 칸토르는 분명히 자신의 주장이 범신론이나 무신론과는 다른 것임을 강하게 변론하고 있습니다(“Franzelin(1886.1.22.),” *Georg Cantor - Briefe)*. 오히려 범신론은 칸토르의 시각을 통해서 완전히 극복될 수 있다고 강조했던 것입니다. 칸토르는 “실무한과 관련된 다양한 입장들에 관하여”에서 자신이 사용한 표현 (i)‘나투라 나투란스(*natura naturans*)’와 (ii)‘나투라 나투라타(*natura naturata*)’는 토마스 아퀴나스 학파에서 사용하고 있는 것과 같은 의미라고 전제하고 있었습니다.[53] (i)‘나투라 나투란스(*natura naturans*)’은 세계를 창조한 신은 외부에 존재하는 창조자이자 보존자임을 강조하는 의미가 있었으며, (ii)‘나투라 나투라타(*natura naturata*)’는 신에 의해서 창조된 세계의 유한성을 강조하는 의미가 있었습니다.

그렇기 때문에 칸토르에게 (i)'나투라 나투란스(*natura naturans*)'와 관련된 무한은 '창조되지 않은 영원한 무한(*infinitum aeternum increatum*)' 혹은 '절대적 무한(*infinitum Absolutum*)'이므로 절대무한에 해당하는 것이었습니다. 그렇다면 아퀴나스의 신학적 논리 내에서도 존재 자체로서의 신에 대한 판단이 중지되었으므로, 칸토르의 신학적 논리 내에서도 존재 자체로서의 절대 무한에 관한 판단도 중지되는 것이 타당합니다.[54]

반면에 '창조된 무한(*infinitum creatum*)' 혹은 '초한(*Transfinitum*)'은 창조된 자연 내에 있는 실무한에 해당되는 것입니다. 그러므로 앞에서 살펴본 바와 같이 칸토르에게 신의 무한과 세계의 무한은 같을 수 없는 것이었습니다. 신과 세계는 같을 수 없으므로 칸토르의 무한 개념 때문에 범신론은 논리적으로 부정되는 것입니다.

(ii) '나투라 나투라타(*natura naturata*)'와 관련하여, '창조된 무한(*infinitum creatum*)' 또는 '초한(*Transfinitum*)'은 창조된 자연 내에 있는 실무한에 해당합니다. 여기서 칸토르는 세계 내에서의 초한의 존재가 (a) 선험적으로 도출될 수 있고, 또한 (b) 후험적으로 도출될 수 있다고 주장했습니다. 선험적 근거는 신의 완전성에 있었고, 그 후험적 근거는 유한의 전제로는 신의 세계를 설명할 수 없다는 불가능성에 있었습니다. 그러므로 선험적 근거와 후험적 근거에 의해, 창조된 무한이 존재함을 가정하는 것이 타당하다는 것입니다.

아퀴나스와 그를 따르는 대부분의 신학자는 '창조된 무한'의 학설에 반대했습니다. 그러나 칸토르는 20여 년 연구를 수행해 온 자신의 의견이 옳다고 확신했습니다. 예를 들어 창조된 무한을 반대하는 신학자들은 '모든 것을 무게와 수와 척도 안에서 질서를 놓으셨다(지혜서 11:21)'를 해석하면서, 실무한에 대한 부정의 뜻이 포함되어 있다고 주장했습니다. 그러나 칸토르는 이것이 실무한에 대한 부정을 의미하는 것이 아니라고 반론을 제기했습니다. 왜냐하면 칸토르는 자신의 증명 결과와 마찬가지로 실무한의 기수와 실무한의 순서수가 존재한다고 가정할 때, 지혜서의 성구는 초한수를 포함하는 것을 의미한다고 해석했기 때문입니다. 실무한의 수도 유한수와 마찬가지로 신이 정하신 엄격한 규칙을 따르고 있다는 것이었습니다. 그 다음으로 그는 지혜서의 성구를 실무한의 수에 대한 반대의 근거로 사용하는 것은 논증의 방법상 오류가 있다고 비판했습니다. 왜냐하면, '순환논법'을 피할 수 없기 때문이었습니다("Franzelin(1886.1.22.)," *Georg Cantor - Briefe*). 이러한 칸토르의 논증은 타당합니다.

칸토르는 먼저 신의 본질에 포함된 최고의 완전성에서 '섭리적 초한(*Transfinitum ordinatum*)'이 창조될 수 있다는 가능성이 도출될 수 있다고 주장했는데 섭리적 초한이란 신의 뜻에 의해 이루어진 초한을 말합니다. 그렇다면 신의 모든 선하심과 영광으로부터 실재로서의 초한이 창조되었다는 필연성이 도출될 수 있습니다. 신의 창조는 존재의 모든 가능성을 품을 수 있을 만큼 넉넉한 무한을 허용하고 있다고 보았기 때문입니다. 신과 세계의 구별이 존재론적 차이에 근거한 것이라고 볼 때, 그 존재론적 구별을 위해서는 유한과 무한의 구별을 전제하거나 요구할 필요가 없는 것입니다. 그러므로 칸토르의 논증은 타당합니다. 만약 실무한으로 가득한 세계라고 하더라도 그 세계가 신으로 고려될 수 있는 것이 아니라 여전히 창조된 세계로 고려될 수 있다는 점에서 칸토르의 논증에는 모순이 없습니다.

프란첼린 추기경은 칸토르의 주장과 논증을 인정하고 수용했습니다. 프란첼린 추기경에 의하면("Franzelin(1886.1.22.)," *Georg Cantor-Briefe*), (I)칸토르가 주장하는 세계의 실무한은 범신론이나 무신론을 함의하지 않는 것이었습니다. 로마 가톨릭 교회의 추기경이자 신학자 프란첼린은 칸토르의 초한 주장이 그리스도교의 종교적 진리를 위협

하지 않는다고 문서로 대답한 것이지요. 이에 관하여 칸토르는 추기경이 인정한 사실을 여러 기회를 통해 공개했고 또한 상당히 자랑스럽게 생각했습니다.

그러나 프란첼린 추기경은 같은 편지에서 (II)신의 자유와 창조의 필연성의 모순에 대하여 문제를 제기했습니다. 왜냐하면, 그가 칸토르의 창조의 필연성 언급이 오류라고 지적했기 때문입니다. 신의 무한한 영광과 선하심으로부터 초한이 실제로 창조되었음의 필연성을 도출한 것은 잘못이라는 것이었습니다. 왜냐하면, 신 자체가 절대적이고 완전한 선이며 절대적 영광이므로 어떤 것이 더해지거나 감해질 수 없다는 이유 때문이었습니다. 그러므로 창조가 필연적이라고 주장한다면 이는 절대성의 자유에 모순이 된다는 것이었습니다. 여기서 창조의 자유와 창조의 필연성은 신 안에서 논리적으로 충돌할 수 있다는 것입니다.

이에 대한 답신에서 칸토르는 프란첼린 추기경의 문제 제기에 동의를 표했지만("Franzelin(1886.1.29.)," *Georg Cantor - Briefe*), 그는 문제가 되는 부분에서 '절대적으로 자유로우신 신'이 창조 행위에 예속되어 있다는 뜻이 결코 아니었음을 설명해야 했습니다. 달리 말하면 창조 사건의 객관적이고 형이상학적 필연성보다는 '우리를 위해' 신의 무한한 영광과 선하심에 의하여 창조 사건이 이루어졌음을 도출하는 '주관적 필연성'을 강조한 것이었습니다. 그러므로 칸토르가 말한 필연성은 '신의 입장에서' 창조가 이루어져야만 하는 것임을 의미하는 것이 아니라 인간의 관점에서 '주관적 필연성'으로 해석될 수 있다는 것이었습니다. 칸토르는 '섭리적 질서로서의 유한(*Finitum ordinatum*)' 뿐만 아니라 '섭리적 질서로서의 초한(*Transfinitum ordinatum*)'도 신으로부터 도출된다는 점을 강조하고 있었습니다("Mitteilungen zur Lehre vom Transfiniten V"). 이처럼 칸토르는 절대 무한과 초한 사이에 신학적으로도 중요한 차이가 있음을 강조하는 해석을 했습니다.

칸토르의 새로운 메시지

칸토르는 무한의 크기도 다르다는 것을 발견하고 증명했습니다. 그는 역사상 처음으로 유한한 인간으로서 실무한을 다루는 연구에 성공하였으며 실무한의 종류를 비교하는 일에 성공했습니다. 여기서 칸토르는 수를 세는 기존의 방법이 아니라 대응(correspondence)이라는 관계를 새롭게 도입하는 새로운 방법을 가지고 집합으로서 무한을 다루는 방법을 한 차원 높여 주었고 실무한의 존재를 증명했던 것입니다.

초한의 수를 다루는 집합론에서 칸토르는 (i)무한 집합의 부분 집합이 전체에 해당하는 무한 집합과 크기가 같다는 정리를 증명했고, (ii) 무한 집합의 멱집합은 더 큰 무한 집합이라는 정리를 증명했으며, (iii) 자연수로 이루어진 무한 집합과 실수로 이루어진 무한 집합의 크기가 다르다는 정리를 증명했습니다. 그 결과 오직 유일한 하나의 실무한이 존재하는 것뿐만 아니라 실무한 내에는 작은 무한과 큰 무한, 더 나아가 증가 가능한 초한과 증가 불가능한 절대 무한이라는 일정한 계층이 존재함까지 증명되었던 것입니다. 무한의 문제를 통해 신을 이해할 수 있다고 믿었던 칸토르는 무한에 관한 생각에 혁명을 불러일으킨 것뿐만 아니라 신에 관한 이해에 혁명적 변화를 가져온 주역이었습니다.

> 세월이 흐르면서 제가 취하게 된 관점들은 그리스도교의 근본적 진리로부터 절대 멀어지지 않았으며, 그러한 기반은 오히려 더 굳건해졌습니다. (“Franzelin (1886.1.22.),” *Georg Cantor - Briefe*)

로마 가톨릭 신학자 프란첼린 추기경과 토론을 했었던 칸토르가 그리스도교에 대해 가지고 있는 입장은 위의 서신을 통해 잘 나타나고 있었습니다. 실무한과 관련하여 칸토르와 프란첼린 추기경의 토론을 통하여 볼 수 있었던 과학 신학적 쟁점은 두 가지 (1) 범신론과 무신론에 관한 토론과 (2) 필연성과 자유에 관한 토론으로 정리됩니다. (1)은 칸토르의 주장과 관련된 외재적 오류에 관한 토론이었으며 (2)는 칸토르 주장의 내재적 오류에 관한 토론이었습니다. 이에 대하여 칸토르는 (1)실무한으로서의 초한과 절대 무한에 대한 해석은 오히려 범신론과 무신론을 반증하며 (2)세계 내의 초한의 존재와 관련하여 신의 자유와 창조의 필연성 사이에 모순이 없음을 논증하였습니다.

실무한의 존재를 수학적으로 증명했던 칸토르는 아포리스메논 *aphorismenon*으로서의 실무한을 인정하는 아우구스티누스의 주장에 동의했지만, 실무한을 부정하는 아퀴나스의 주장을 반증했습니다. 그는 실무한을 초한과 절대 무한으로 구분하였는데, 초한은 증가 가능한 실무한으로서 이해할 수 있는 무한이지만 절대 무한은 증가 불가능한 실무한으로서 이해할 수 없는 무한으로 정의했습니다. 신은 인간의 이해를 넘어서 절대 무한으로서 존재한다는 것. 이것이 바로 칸토르의 새로운 과학 신학이 우리에게 주는 궁극적인 메시지였습니다.

10

신의 존재, 괴델의 과학 신학

괴델(Kurt Gödel 1906-1978)은 아리스토텔레스 이후 가장 위대한 논리학자로 불렸던 수리논리학자입니다. 그는 신의 존재에 대한 새로운 증명을 시도했고, 자신의 연구 결과 가운데 1970년 2월 10일 자의 수기 기록이 사후에 발견되었습니다(Ontological Proof 1970, *Collected Works III*). 괴델의 종교와 신에 관한 생각은 한 질문에 대한 답변서 기록물이 괴델 사후에 발견되면서 세상에 공개되었는데, 질문서는 1975년 12월 그랜진(B. Granjean)이라는 텍사스 대학교 사회학과 박사과정생이 괴델에게 보낸 것이었습니다. 답변서에서 괴델은 자신이 루터교에서 세례를 받은 신자였으나 현재 특정 교파에 소속되지 않았다고 밝혔고, 자신의 신앙은 범신론적 신앙이 아니라 유신론적 신앙이라고 밝혔습니다. 따라서 괴델은 스피노자의 신학이 아니라 라이프니츠의 신학을 지지한다고 썼습니다.

> 오늘날에는 신학적 세계관을 과학적으로 정당화하기가 어렵습니다. 그러나 저는 신학적 세계관이 모든 알려진 사실들과 완전하게 양립할 수 있다는 것을 합리적인 방식만 가지고도 충분히 이해하는 것이 가능하다고 생각하고 있습니

다.(1961년 10월 6일 자 편지 *Collected Works* IV.)

괴델은 위와 같은 편지에서 자신의 '신학적 세계관'이 세계와 그 안의 모든 것들이 '의미'와 '이유'를 가지고 있다는 생각이라고 하면서 과학 전체가 그런 사상 위에 근거해 있다고 해석했습니다. 그는 자신의 신학이 '합리적 신학'(rational theology)이라고 했는데, 모든 과학의 전제와 논리적으로 같은 비례 관계에 있는 사상이었습니다.

이 장에서 다루게 될 신의 존재에 대한 괴델의 증명 작업은 1930년대부터 시작된 것이었는데 남아있는 기록물 중 1941년의 기록이 가장 오래된 기록이었습니다. 이 사실은 괴델이 30년 이상 이 문제를 진지하게 다루었음을 잘 보여줍니다.

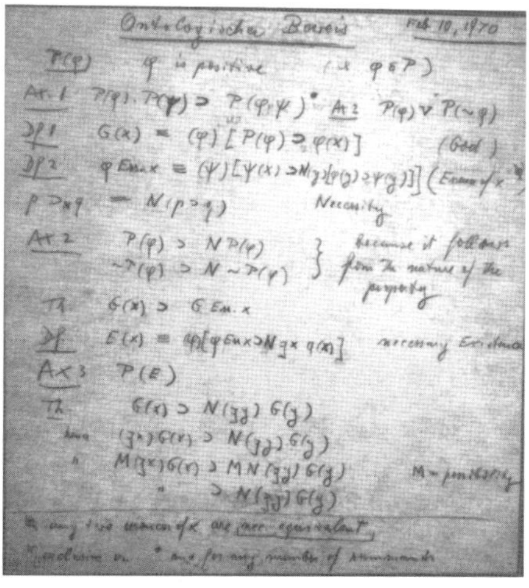

[그림 4] 괴델의 신 존재 증명

괴델의 정의

괴델은 먼저 신이 모든 긍정 속성을 가진 존재라고 정의했습니다(Ontological Proof 1970). 'x가 신이라는 것의 필요충분조건은 모든 φ에 대하여 φ가 긍정 속성이며 x는 φ의 속성을 가지는 것입니다.'[55]

정의1. $G(x) \equiv (\forall \varphi)[P(\varphi) \rightarrow \varphi(x)]$ (*Ontological Proof* 1970)

괴델의 긍정 속성은 (1)도덕적 의미 (2) 미학적 의미가 있는 속성이었습니다. 이 조건이 충족될 때 (3)긍정 속성의 공리들이 참이라고 전제되었습니다. 여기서 (1)도덕은 '선'에 대응되고, (2)미학은 '미'에 대등되며, (3) 논리적 공리는 '진'에 대응됩니다. 말하자면 괴델은 진선미의 근거 위에서 긍정 속성을 생각했는데 도덕적 의미와 미학적 의미의 전제 위에서만 논리적 의미의 진리성이 담보될 수 있다는 것이었습니다. 그러므로 그의 신 존재 증명은 논리, 미학, 도덕의 세 가지 의미 구조를 전제하고 있었습니다. 이런 의미에서 괴델의 긍정 속성은 일종의 과학 신학적 술어(predicate)였던 것입니다.

두 번째, 괴델은 '본질'을 정의했습니다. 'x가 φ의 본질을 가진다는 것의 필요충분조건은 모든 ψ에 대하여 x가 ψ의 속성을 가질 때 모든 y에 대하여 y가 φ의 속성을 가지면 y가 ψ의 속성을 가진다는 논리식이 필연적으로 성립한다는 것입니다.' 여기서 N은 필연성(necessity) 술어입니다.

정의2. $\varphi Ess(x) \equiv (\forall \psi)[\psi(x) \rightarrow N(\forall y)[\varphi(y) \rightarrow \psi(y)]]$
(*Ontological Proof* 1970)

괴델은 속성 φ가 x의 본질이면 속성 φ를 가지는 어떤 개체가 x의 다른 모든 속성을 필연적으로 가진다는 것을 정의했습니다. 말하자면 본질 φ가 개체를 결정한다는 것이었습니다. 여기서 그는 양상 논리(modal logic)를 사용했습니다. 양상 논리는 필연성과 가능성을 다루는 논리 시스템인데, 괴델은 1933년 "직관주의적 명제 논리에 대한 해석"에서 직관주의 명제 논리 시스템(Intuitionistic Propositional Logic)과 동등한 논리 시스템을 정의했고 이 시스템은 루이스(C. Lewis)의 양상 논리 시스템 S_4와 동등한 것으로 증명되었습니다. 이번에 괴델은 신에 대한 존재론적 증명에서 $MNp \rightarrow Np$ 공리를 추가했기 때문에 양상 논리 시스템 S_5를 사용하고 있다고 보아야 합니다.[56]

세 번째, 괴델은 '필연적 존재'를 정의했습니다. '모든 φ에 대하여 x가 φ의 본질을 가지면 φ의 속성을 가지는 어떤 x가 필연적으로 존재합니다.'

정의3. $E(x) \equiv (\forall \varphi)[\varphi Ess(x) \rightarrow N(\exists x)\varphi(x)]$
(*Ontological Proof* 1970)

괴델은 '개체 x가 필연적으로 존재한다는 것의 필요충분조건은 모든 속성 φ에 대하여 φ가 x의 본질이면 x가 φ의 속성을 가지는 것이 필연적임'을 정의했습니다. φ가 개체의 본질이면 φ를 필연적으로 가지는 대상이 존재한다는 것인데, 본질을 가진 개체는 필연적으로 속성을 가진다는 뜻입니다. 그러므로 개체의 모든 본질이 필연적으로 개체에서 실현될 때, 개체의 존재는 필연적입니다.

괴델의 공리

괴델이 위에서 내렸던 정의는 다섯 가지의 공리를 전제하고 성립되는 것이었습니다. 먼저 그의 제1공리는 긍정 속성의 논리곱에 관한 공리였습니다.

공리1. $P(\varphi) \wedge P(\psi) \rightarrow P(\varphi \wedge \psi)$ (*Ontological Proof* 1970)

'모든 φ, ψ에 대하여 φ가 긍정 속성을 가지고 ψ가 긍정 속성을 가지면 $\varphi \wedge \psi$는 긍정 속성을 가집니다.' 제1공리에 의해 긍정 속성의 논리곱은 긍정 속성을 가지는 것이 보장되었습니다.[57]

괴델의 제2공리는 긍정 속성의 배타적 논리합(exclusive or)에 관한 공리였습니다.

공리2. $P(\varphi) \vee P(\neg\varphi)$ (*Ontological Proof* 1970)

괴델은 여기서 φ와 $\neg\varphi$, 즉 φ의 긍정과 부정이 양립할 수 없도록 전제했습니다. 정확하게 긍정과 부정 두 가지 중 하나만이 긍정 속성일 수 있다는 것입니다. 긍정 속성은 긍정과 부정에 동시에 허용될 수 없다는 뜻입니다.[58]

괴델의 제3공리는 긍정 속성의 필연성에 관한 공리였습니다.

공리3. $P(\varphi) \rightarrow NP(\varphi)$

$\neg P(\varphi) \rightarrow N\neg P(\varphi)$ (*Ontological Proof* 1970)

괴델은 제3공리에서 'φ가 긍정 속성을 가지면 φ는 필연적으로 긍정 속성을 가진다는 것'을 전제했습니다. 'φ가 긍정 속성을 가지지 않으면 φ는 필연적으로 긍정 속성을 가지지 않는다는 것'입니다. 괴델은 필연성 술어N를 도입하여 긍정 속성 술어와 필연성 술어의 관계를 설정해 준 것입니다.[59]

괴델의 제4공리는 긍정 속성의 필연적 존재 속성에 관한 공리였습니다. 'E는 긍정 속성을 가집니다.'

공리4. $P(E)$ (*Ontological Proof* 1970)

괴델은 필연적 존재성 E가 긍정 속성을 가지기 위한 공리를 전제했는데 정의3의 필연적 존재 속성을 긍정 속성에 포함시켰던 것입니다. 괴델은 긍정 속성이 가지는 모든 논리적 조건과 의미가 필연적 존재 속성에 포함될 수 있도록 했습니다. 여기서 2계 논리 체계의 술어 E가 술어 P의 변수로 사용되므로 3계 논리 체계로 확장되고 있습니다.

괴델의 제5공리는 긍정 속성의 양립 가능성 혹은 무모순성에 관한 공리였습니다. 'φ가 긍정 속성을 가지고 필연적으로 φ가 ψ를 함의하면 ψ는 긍정 속성을 가집니다.'

공리5. $[P(\varphi) \wedge N(\varphi \rightarrow \psi)] \rightarrow P(\psi)$ (*Ontological Proof* 1970)

제5공리에 의해서 다음이 성립됩니다.

$x = x$는 긍정 속성을 가진다.

$x \neq x$는 부정 속성을 가진다.

(1) φ가 긍정 속성을 가지고 (2) 필연적으로 φ가 ψ를 함의하면, ψ는 긍정 속성을 가져야 합니다. 말하자면 이 경우에는 긍정 속성이 보존되어야 한다는 것입니다. 그래서 자기동일성 $x=x$는 긍정 속성을 가지지만 자기동일성의 부정 $x \neq x$은 긍정 속성을 가질 수 없는 것입니다. 왜냐하면, $x \rightarrow x$가 긍정 속성을 가지면, $\neg(x \rightarrow x)$은 긍정 속성을 갖지 못하기 때문입니다.

괴델의 증명

괴델은 신의 존재를 증명하기 위해 두 개의 정리를 증명했습니다. 제1정리는 신이 본질을 가진다는 것을 증명하는 정리였습니다.

정리1. $G(x) \rightarrow G\,Ess(x)$ (*Ontological Proof* 1970)

증명을 위해 $G(x)$와 $\psi(x)$를 가정하겠습니다.

$P(\varphi) \vee P(\neg\varphi)$(공리2)에 의해, $\neg P(\psi) \rightarrow P(\neg\psi)$.

$G(x) \equiv (\forall \varphi)[P(\varphi) \rightarrow \varphi(x)]$(정의1)에 의해, $P(\neg\psi) \rightarrow \neg\psi(x)$.

대우에 의해서, $P(\psi)$.

$P(\varphi) \rightarrow NP(\varphi)$(공리3)에 의해, $NP(\psi)$.

정의1에 의해, $P(\psi) \rightarrow \forall y[G(y) \rightarrow \psi(y)]$.

양상 논리의 필연화 규칙(necessitation)에 의해,[60]

$$N[P(\psi) \rightarrow \forall y[G(y) \rightarrow \psi(y)]].$$

양상 논리의 분배 공리(distribution axiom)에 의해,[61]

$$NP(\psi) \rightarrow N(\forall y)[G(y) \rightarrow \psi(y)].$$

$NP(\psi)$와 $NP(\psi) \rightarrow N(\forall y)[G(y) \rightarrow \psi(y)]$의 전건긍정법(modus ponens)에 의해, $N(\forall y)[G(y)\rightarrow\psi(y)]$.

그러므로 정의2의

$\varphi Ess(x) \equiv (\forall\psi)[\psi(x)\rightarrow N(\forall y)[\varphi(y)\rightarrow\psi(y)]]$에 의해,

$$(\forall\psi)[\psi(x)\rightarrow N(\forall y)[G(y)\rightarrow\psi(y)]] \equiv G\,Ess(x).$$

그러므로 $GEss(x)$이 성립합니다.

따라서 $G(x)\rightarrow G\,Ess(x)$ 이 증명됩니다.

제2정리는 신의 존재의 필연 속성에 관한 정리였습니다. 'x가 신의 속성을 가지면 신의 속성을 가진 y가 필연적으로 존재합니다.'

정리2. $G(x)\rightarrow N(\exists y)G(y)$ (*Ontological Proof* 1970)

이 정리는 신의 속성을 만족하는 개체가 필연적으로 존재한다는 것을 증명하는 것입니다. 이를 위하여 괴델은 증명 과정에 필요한 다음의 명제를 남겼습니다.

(1) '신의 속성을 가진 x가 존재하면 신의 속성을 가진 y가 필연적으로 존재합니다.'

$$(\exists x)G(x)\rightarrow N(\exists y)G(y)$$

(2) '신의 속성을 가진 x가 존재하는 것이 가능하면, 신의 속성을 가진 y가 필연적으로 존재하는 것이 가능합니다.' 여기서 M은 가능성(possibility) 술어입니다.

$$M(\exists x)G(x)\rightarrow MN(\exists y)G(y)$$

(3) '신의 속성을 가진 x가 존재하는 것이 가능하면, 신의 속성을 가진 y가 존재하는 것이 필연적입니다.'

$$M(\exists x)G(x) \rightarrow N(\exists y)G(y)$$

여기서 $M(\exists x)G(x)$이 의미하는 것은 모든 긍정 속성을 가진 시스템이 양립할 수 있다는 뜻입니다. 이것은 공리5에 의해서 성립되었습니다.

$P(E)$ (공리4)와 $G(x) \equiv (\forall \varphi)[P(\varphi) \rightarrow \varphi(x)]$ (정의1)에 의해,

$$(\forall E)(P(E) \rightarrow E(x)).$$

그리고 $G(x) \rightarrow G\,Ess(x)$(정리1)에 의해,

$$G(x) \rightarrow [E(x) \wedge G\,Ess(x)].$$

$E(x) \equiv (\forall \varphi)[\varphi Ess(x) \rightarrow N(\exists x)\varphi(x)]$ (정의3)에 의해,

$$[E(x) \wedge G\,Ess(x)] \rightarrow N(\exists x)G(x).$$

그러므로 $G(x) \rightarrow N(\exists x)G(x)$가 성립됩니다.

양상 논리의 필연화 규칙에 의해, $(\exists x)G(x) \rightarrow N(\exists y)G(y)$.

양상 논리에 의해, $M(\exists x)G(x) \rightarrow MN(\exists y)G(y)$.

다음으로 양상 논리의 공리 $Mp \rightarrow NMp$가 필요한데 이는 명제 p의 가능성이 명제p의 가능성에 대한 필연성을 함의한다는 공리입니다. $MNp \rightarrow Np$와 대우(contraposition)에 의해 $MNp \rightarrow Np$가 성립되므로 다음의 결과를 얻을 수 있습니다.

$$MN(\exists x)G(x) \rightarrow N(\exists y)G(y).$$

따라서 $M(\exists x)G(x) \rightarrow N(\exists y)G(y)$이 증명됩니다.

(4) 다음으로 $P(\varphi)\rightarrow M(\exists x)\varphi(x)$의 증명이 필요합니다.

$P(\varphi)\rightarrow M(\exists x)\varphi(x)$가 아니라고 가정한다면,

$$P(\varphi)\wedge\neg M(\exists x)\varphi(x).$$

그러므로 $N(\forall x)\neg\varphi(x)$이고 $N(\forall x)[\varphi(x)\rightarrow(x\neq x)]$.

따라서 $[P(\varphi)\wedge N(\varphi\rightarrow\psi)]\rightarrow P(\psi)$(공리5)에 의해, $P(x\neq x)$.

그러나 $P(\varphi)$이므로, $N(\forall x)[\varphi(x)\rightarrow(x=x)]$.

그리고 공리5에 의해, $P(x=x)$.

그러므로 $P(x=x)\wedge P(x\neq x)$.

이것은 $P(\varphi)\vee P(\neg\varphi)$(공리2)에 모순입니다.

따라서 $P(\varphi)\rightarrow M(\exists x)\varphi(x)$이 증명됩니다.

(5) (4)에서 증명된 $P(\varphi)\rightarrow M(\exists x)\varphi(x)$에 의해, $M(\exists x)G(x)$이 증명됩니다. 신은 모든 긍정 속성을 가지기 때문입니다.

(3)의 $M(\exists x)G(x)\rightarrow N(\exists y)G(y)$와 (5)의 $M(\exists x)G(x)$의 전건긍정법에 의해, $N(\exists y)G(y)$이 성립합니다.

(6) 따라서 $G(x)\rightarrow N(\exists y)G(y)$이 증명됩니다. x가 신의 속성을 가지면 신의 속성을 가진 y가 필연적으로 존재함이 증명된 것입니다. 여기서 y는 x와 다른 것이 될 수 없으므로 유일성이 보장되었습니다.

새로운 증명의 의미

괴델은 신을 '모든 긍정 속성을 가진 대상'으로 정의했습니다(정의 1). 이것이 의미하는 바는 괴델이 신의 모든 속성을 정의한 것이 아니

라 신과 같은 속성을 가진 대상을 정의한 것이었습니다. 그러므로 괴델의 정의가 신에 대한 유일한 정의임을 의미한다는 것은 전혀 아닙니다. 신의 존재를 증명하기 위해서는 모든 긍정 속성을 가진 대상으로 신을 정의해도 충분하다는 것을 증명한 것이지요.

신에 대한 괴델의 정의는 사실 라이프니츠(Leibniz)의 존재론적 증명(Two Notations for Discussion with Spinoza; *Discourse de Metaphysique*)의 약점을 극복하기 위한 도구였습니다. 라이프니츠는 가장 완전한 존재(*Ens perfectissimum*)로 신을 정의했는데, 완전성을 사용하기 위해서는 논리적으로 먼저 모든 완전성 사이에는 모순이 없음 혹은 양립 가능함을 증명해야만 합니다. 달리 말하면 완전하더라도 양립할 수 없으면 존재할 수 없기 때문이지요. 따라서 신이 완전하기 때문에 존재한다는 데카르트(Descartes)의 증명(Arguments Demonstrating the Existence of God and the Discussion between Soul and Body; Drawn up in Geometrical Fashion, *Meditationes de prima philosophia*)은 성립될 수 없는 것이었습니다. 왜냐하면, 존재하지 않아도 완전할 수 있기 때문입니다. 그래서 라이프니츠는 '모든 완전성을 가진 완전한 존재가 존재하는 것이 가능하다면 신이 존재한다'라는 명제를 증명하려고 하였습니다. 그러나 라이프니츠가 모든 완전성에 대한 무모순성을 증명하기 위해서는 완전성을 가진 모든 유한한 부분 집합의 무모순성을 증명해야만 했습니다. 이 지점에서 괴델은 완전성을 가진 전체 집합의 무모순성이 증명될 수 없음을 잘 알고 있었습니다. 그래서 그는 가장 완전한 존재가 아니라 모든 긍정 속성을 가진 존재로서의 신을 정의했던 것입니다.

라이프니츠는 신의 경우에는 본질이 존재를 함의한다고 전제했습니다. 그러나 존재의 속성은 모든 가능한 본질에 포함되는 것이 아닙니다. 예를 들어 소설 작품 속의 주인공은 존재하지 않지만, 본질을 가지고 있기 때문입니다. 따라서 라이프니츠가 신의 경우에만 본질이 존재의 속성을 함의한다고 전제한 것은 증명의 결과가 아니었습니다. 신이 완전성을 가졌기 때문에 존재함이 가능하다는 것은 증명되지 못했던 것입니다. 그래서 괴델은 모든 긍정 속성을 가진 신을 정의했고, 그 정의에 따라 신의 존재 가능성을 증명했으며, 마지막으로 신의 존재 필연성을 증명했던 것이었습니다. 신에 대한 괴델의 존재론적 증명은 새로운 작업이었고, 그 담고 있는 메시지가 주는 강렬함에 빨려들게 됩니다. 괴델의 신 존재 증명은 정말 간결하지만 참으로 엄청난 무게를 느낄 수 있는 한 장에 채워진 명작이지요. 과학 신학이 보유할 수 있는 진선미의 극치라 하겠습니다.

11

신의 이중성, 과학 신학의 새로운 경험

신성과 인성 두 본성을 가진 그리스도에 대한 이해를 돕고 논리적 설명을 추구하는 이론을 '그리스도론(Christology)'이라고 부릅니다. 논리학에서는 상반된 두 범주를 하나로 보면 모순이 발생합니다. 그래서 오랫동안 고전 신학 내에서는 이 모순을 해결하지 못했던 것입니다. 그러나 20세기의 양자물리학의 천재들은 빛의 입자와 파동 관계의 증명을 통하여 새로운 논리와 모델을 보여주었습니다.

그리스도론 내에서는 전통적으로 두 가지 방법론이 있었다고 할 수 있는데, 그 하나는 (A)위로부터의 그리스도론이고, 다른 하나는 (B)아래로부터의 그리스도론이었습니다. 여기서 (A)는 예수의 신적 본성으로부터 그리스도를 인식했지만, (B)는 예수의 인간적 본성으로부터 그리스도를 인식했습니다. 그래서 (A)는 하향식 논리를 사용했지만, (B)는 상향식 논리를 사용했던 것입니다. 이러한 강조점과 전제의 차이에서 비롯된 1세기의 (A)알렉산드리아 학파와 (B)안디옥 학파 사이에 벌어졌던 두 논쟁은 좀처럼 해결되지 못하고 마침내 대립과 갈등으로 확산하였습니다.

그리스도와 빛의 이중성

창세기에 의하면, 신이 가장 먼저 창조한 작품은 "빛"이었습니다(창세기 1:3-4). 그 빛은 신이 보기에 흡족할 만큼 장관이었다고 합니다. 그런데 이 빛은 과연 무엇이었을까요? 다행히도 현재 우리는 현대물리학의 도움을 통해서 그 빛이 빅뱅으로부터 생성된 '마이크로파'(microwaves)라는 것을 확인할 수 있습니다. 이 마이크로파는 비가시광선의 하나이기에 인간의 눈으로는 직접 볼 수 없는 영역에 있는 빛입니다. 최근 약 145억 년 전에 생성되었던 마이크로파가 측정되어 단지 이론적 가설이 아니라 경험적 증거를 확보했습니다. 현대의 과학기술은 그처럼 오래된 빛도 우주 속에서 인간과 함께 존재하고 있음을 보여 줍니다.

그런데 만일 빛이란 단어를 지워야 한다면 그리스도교의 언어와 표현에는 심각하고 중대한 제한이 발생할 것입니다. 요한복음서에 의하면, 그리스도의 자기 정의가 다음과 같이 선포되고 있습니다.

> 나는 빛으로 세상에 왔다 (요한복음서 12:46).
> 내가 세상에 있는 동안, 나는 세상의 빛이다 (요한복음서 9:5).

그리스도교는 '나사렛 예수를 그리스도로 고백하고 따르는 사람들'의 종교, 말하자면 그리스도인(*Christianos*)의 종교입니다. 인간 나사렛 예수 안에서 신을 만날 수 있고, 예수를 신으로서의 '주님'이라고 고백할 수 있는 사람들이 그리스도인입니다. 그리스도처럼 그리스도인도 역시 세상의 빛으로 정의됩니다(요한복음서 5:14). 그러므로 빛은 그리스도에 대한 이해이자 곧 그리스도인 자신에 대한 이해와 다름없습니다. 그리스도인은 참다운 빛을 알아볼 수 있어야 하는 빛의 사람들입니다. 달리 말하면 그리스도 안에서 '인성'과 '신성'의 신비로운 일치를 깨달을 수 있는 사람들이라는 것이지요.

그리스도교의 역사 속에서는 그리스도를 인간으로 고백할 것인지 아니면 신으로 고백할 것인지를 두고 심각한 논쟁들이 있었습니다. '그리스도는 인간인가? 아니면 신인가?' 그런데 이 논쟁은 마치 19세기까지 과학에서 벌어졌던 빛에 대한 논쟁을 보는 듯합니다. '빛은 입자인가? 아니면 파동인가?' 고전물리학에서 보았던 두 기준은 극명히 대조되는 것이었기 때문에 파동과 입자 가운데 한 가지만을 선택해야 하는 문제였습니다. 그러다 보니 고전물리학에서 일어난 일과 같이 신학의 역사 내에서도 일부의 사람들은 그리스도 예수의 인성을 강조하였고, 다른 일부의 사람들은 그리스도 예수의 신성을 강조하였던 것입니다. 이런 혼란이 지속하면서 일각에서는 인간이 시간이 흐르면서 신이 되었다는 빗나간 주장도 등장했습니다. 시간이 지날수록 점점 더 말만 무성했지만, 눈으로 보여줄 수 있는 충분한 모델과 이해할 수 있는 논리가 없었기에 논란은 가중되었던 것입니다.

그리스도의 이중성 문제를 둘러싼 분열과 갈등의 상황은 심각해졌습니다. 그리스도의 '인성'과 '신성'에 관한 교회의 통일된 입장 정립이 절실했습니다. 그래서 교회의 공식적인 회의를 통하여 세상에 공표된 내용 중 가장 대표적인 신조(Creed)가 바로 칼케돈 신조(*Chalcedonian Definition*)였습니다. 451년 칼케돈에서 열린 공의회에서 정의된 그리스도는 '참된 신이고 참된 인간'(*vere Deus vere homo*)이었습니다.

> 한 분이시고 동일하신 그리스도는 참된 신이고 참된 사람으로서 신성과 인성 두 본성은 (1) 섞일 수 없으며(*asynchytōs*), (2) 바뀔 수 없으며(*atreptōs*), (3) 나뉠 수 없으며(*adiairetōs*), (4) 갈라질 수 없다(*achoristōs*).

그러나 이 신조는 불행히도 논리적 해결에 실패했습니다. 이단으로 규정한 주장을 부정하여 공식적인 의견을 모아 놓은 봉합이었습니다. 왜냐하면, 그리스도를 설명하면서 부정적 개념 도구를 사용했기 때문입니다. 예를 들어 '섞일 수 없음'은 섞일 수 있다는 주장에 대한 '부정'임에는 틀림없으나 섞일 수 없음 자체가 무엇을 정의하는지 말해주는 바가 없었습니다. 상반된 그리스도의 본성을 둘러싸고 (5)섞일 수 있다는 주장, (6)바뀔 수 있다는 주장, (7)나뉠 수 있다는 주장, (8)갈라질 수 있다는 주장에 대한 공식적 금지 표명이었던 것입니다. 달리 말하면 (1)은 (5)에 대한 부정과 반대, (2)는 (6)에 대한 부정과 반대, (3)은 (7)에 대한 부정과 반대, (4)는 (8)에 대한 부정과 반대입니다.

이른바 단성론도 배격하고 동시에 이른바 양성론도 배격하고자 의도된 것이었으나, 그리스도의 상반된 이중성의 문제를 논리적으로 풀지 못했으며 긍정의 용어로도 풀이하지 못했습니다. 이처럼 빛 자체에 대한 체험과는 달리 빛 자체에 대한 이해와 설명은 대단히 제한적이었고 부족했던 것입니다. 그래서 칼케돈 공의회는 의도했던 평화를 가져오지 못하고 오히려 그리스도교 내에 더욱 심각한 갈등과 투쟁의 시작이 되었습니다.

이중성을 증명한 양자 이론

빛에 대한 정의는 단지 그리스도교인만이 아니라 과학자에게도 중대한 숙제였습니다. 현대과학을 열었다고 평가받는 아인슈타인의 상대성이론은 고전 과학을 구성하고 유지해왔던 절대적 시간과 절대적 공간의 개념을 상대적 시공간으로 변화시키는 엄청난 이론적 혁명이었습니다. 그는 빛의 속도(light speed)가 모든 운동을 측정하는 데 꼭 필요한 '상수'(constant)라고 전제했습니다. 즉 모든 것을 새롭게 이해해야 하는 혁명적 상황에서도 빛은 변치 않는 기준이어야 한다는 뜻이지요. 그러므로 모든 관측 시스템이 상대적일지라도 빛의 속도는 일정하다고 주장했습니다. 그러나 아인슈타인도 빛 자체에 대한 정의에 성공하지는 못했습니다.

빛의 본성을 탐구했던 과학의 역사에서도 빛은 대조적인 두 가지 본성을 통해 이해되었습니다. 그 하나는 빛을 '파동(wave)'으로 이해하는 것이고, 다른 하나는 빛을 '입자(particle)'로 이해하는 것이었습니다. 이 두 입장은 결코 양보할 수 없는 것이었습니다. 왜냐하면, 20세기 이전의 고전물리학에서 파동과 입자는 서로 공유될 수 없는 모순적 속성을 가진 존재였기 때문입니다. 17세기 뉴턴(입자설)과 호이겐스(파동설)로부터 시작되는 고전물리학의 빛에 대한 파동/입자 논쟁은 쉽게 해결될 기미가 없어 보였습니다. 마치 앞에서 보았던 그리스도교 신학의 역사 내에서 그리스도에 대한 신성/인성 논쟁을 그대로 보는 듯했습니다. 뉴턴(Isaac Newton), 플랑크(Max Planck), 아인슈타인(Albert Einstein)같이 빛이 입자라고 주장하는 과학자들이 있었던 반면, 영(Thomas Young), 드 브로이(Louis de Broglie) 같이 빛이 파동이라고 주장하는 과학자들도 있었지요.

빛에 대한 과학적 이해에 결정적 계기가 생긴 것은 바로 20세기 양자물리학의 이론과 실험 결과 덕분이었습니다. 1920년대 하이젠베르크(Werner Heisenberg), 슈뢰딩거(Erwin Schrödinger), 디랙(Paul Dirac)의 결정적인 공헌을 통해 물리학에서 빛에 대한 파동/입자 논쟁은 종결되었는데, 빛은 때때로 파동처럼 행동할 수 있고, 때때로 입자처럼 행동할 수 있다는 것입니다. 이러한 중첩은 거시 세계를 다루는 고전 물리학에서는 성립될 수 없었으며, 새로운 이론에 의해서 파동/입자의 이중성 모순이 해소되었습니다. 양자 수준(quantum level)

의 미시 세계, 말하자면 원자 수준의 세계(0.000000001m)를 관찰하고 측정하면서 이 새로운 현상이 발견되었는데, 그 결론은 파동이 입자처럼 활동할 수 있고 입자는 파동처럼 활동할 수 있다는 것이었습니다. 이것을 입자와 파동의 '이중성'(duality)이라 부르고 현대 과학의 전 분야에는 양자물리학의 이중성 이론과 논리가 수용되고 있습니다.

이러한 놀라운 결과를 그리스도를 이해하는 논리에 연동해서 볼 때 그리스도는 신처럼 행동할 수 있고 인간처럼 행동할 수 있다는 논리와 모델이 성립합니다. 하이젠베르크의 불확정성 원리, 슈뢰딩거의 파동방정식, 디랙의 중첩원리와 양자장 이론에 의해 빛의 입자/파동 이중성이 증명되면서 빛의 이중성은 모순이 아닌 것으로 입증되었습니다. 빛의 이중성은 입증 가능할 뿐만 아니라 설명 가능한 과학적 모델이 된 것이지요. 그러므로 양자물리학의 모델과 논리가 발견된 이후 그리스도의 신성과 인성의 두 가지 속성을 보여주는 과학적 논리나 모델이 없다는 비판은 설 자리가 없습니다. 왜냐하면, 빛의 두 가지 속성이 상보적 관계에 있으며 공존할 수 있음을 부인할 수 없기 때문입니다. 우리가 빛의 이중성을 수용한다면 그리스도의 이중성을 수용할 수 있습니다.

빛을 둘러싼 파동/입자에 대한 과학적 논쟁은 신기하게도 그리스도교 역사 속의 인성/신성에 대한 신학적 논쟁과 논리적 구조에서 매우 닮아있습니다.

고전 과학: 빛의 본성을 파동으로 볼 것인가 아니면 입자로 볼 것인가?

고전 신학: 그리스도의 본성을 신으로 볼 것인가? 아니면 인간으로 볼 것인가?

현대 과학 신학: 이중성은 증명되었다. 그러므로 빛이 때로는 파동으로 행동하고 때로는 입자로 행동한다. 그리스도는 때로는 신으로 행동하고 때로는 인간으로 항동한다.

빛을 이해하는 양자물리학의 문제는 신학의 문제와 논리상 동등했습니다. 우리가 양자물리학의 이중성의 논리를 긍정한다면, 이와 마찬가지로 그리스도교의 이중성의 논리를 긍정하는 것입니다. 그러므로 과학 신학은 자연 안에서 빛(=그리스도)을 보는 신학이며 빛(=그리스도) 안에서 자연을 보는 과학이 되어야 합니다.

심오한 진리

다양한 경험의 결과 가운데 반드시 다루어야 할 사건이 있습니다. 달리 말하면 체험 혹은 실험으로 깨닫게 되는 문제가 있습니다. 그런데 그런 경험의 대상을 충분히 설명할 수 있는 이론이 준비되지 못한 시기가 있습니다. 신학과 과학은 오랫동안 그러한 경험을 공유하고 있었습니다. 과학 신학은 미해결의 문제를 가진 상태로 상당히 긴 시간을 보내야 했으며, 미해결의 기간에는 모순에 빠진 학문으로 비판받아야 했습니다. 그러나 미해결의 문제를 풀었을 때 우리는 과학 신학 내에 두 종류의 진리가 존재함을 깨닫게 되었습니다. 그 하나는 어떤 주장이 그 정반대 편의 주장을 수용할 수 없는 진리 즉 평범한 진리이고, 다른 하나는 어떤 주장이 그 정반대 편의 주장을 수용할 수 있는 진리 즉 심오한 진리입니다. 하이젠베르크, 슈뢰딩거, 디랙 같은 천재들은 그 심오한 진리를 증명했던 것입니다. 과학 신학을 위해서는 축복과도 같은 새로운 경험이었습니다.

12

오메가, 과학 신학과 그 가는 길

현재의 인간을 단지 호모 사피엔스(*homo sapiens*)로서 이해하면 충분할까요? 그렇지가 않습니다. 급변하는 인간의 정체성, 인간이 구성하는 사회와 문화를 이해하고 그 의미를 해석하기 위해서는 과학과 신학 그리고 과학 신학이 필요합니다.

역사적으로 관계의 양상을 살펴보면 과학과 신학의 사이에는 다양한 양상이 전개되었음을 알 수 있습니다. 예를 들면 일치, 협력, 독립, 갈등, 대결, 무시 등의 다양한 관계를 볼 수 있습니다. 기준에 따라 둘 사이가 좋을 때도 있었지만 그 반대로 둘 사이가 좋지 않을 때도 있었습니다. 이렇게 양상은 달랐지만, 과학과 신학이 서로 아무런 관계가 없었던 시기는 거의 없었습니다.

16세기 종교 개혁기 이전에는 과학 신학자들이 아리스토텔레스의 물리학적 자연철학을 신학의 기초로 삼았습니다. 아리스토텔레스의 자연 이해를 통해 중세 신학이 형성되고 전개되었다고 해도 지나친 말이 아닙니다. 여기서 자연은 내적인 힘과 원리를 가지고 있으며 능동적인 유기체로 이해되었습니다.

그러나 종교 개혁과 17세기의 과학 혁명을 거친 후에는 과학 신학자들이 아리스토텔레스의 자연철학에 반대하면서 플라톤의 수학적 자연 철학을 신학의 기초로 삼았습니다. 플라톤의 자연 이해를 통해 신학이 재구성되었다고 해도 지나친 말이 아닙니다. 여기서 자연은 외재적인 신의 자연법칙에 의해 작동되고 수동적인 물질로 이루어진 기계로 이해되었습니다.

20세기 이후의 과학자들은 상대성 이론과 양자 이론이라는 새로운 이론적 터전을 가질 수 있었습니다. 여기서 자연은 '가능성의 집합'으로 이해되었고 확정성을 보장할 수 없는 확률적 지식이 현대의 과학적 지식을 대표하게 되었습니다. 이러한 과학적 세계관의 급진적 변화는 세계를 바라보는 모든 분야의 학문적 시각에 대한 근본적인 재성찰을 불러일으켰습니다. 그리고 그 재성찰의 요청은 신학을 포함하여 학문의 경계를 넘나들며 전체적으로 파급되는 것입니다. 예를 들어 우주의 시작과 마지막, 우주의 차원, 경계조건의 문제, 창발성과 진화, 질서와 무질서, 필연성과 우연성, 미세하게 조정된 우주의 상수, 인류원리, 생명의 기원 등의 문제들은 현대 과학과 현대 신학 상호간에 대화할 수 있는 최적의 주제들입니다. 이러한 학제적 주제들은 그 어느 시대보다 더 구체적이면서 더 융합적이라는 점에 그 특징이 있습니다. 그리고 현대 과학과 현대 신학의 최근 연구 결과들은 '우주의 신비로운 질서'를 살펴보면서 더욱 진지하게 고민하고 겸허하게 지혜를 나누어야 함을 보여주고 있습니다.

현대 과학의 눈으로 보는 과학 신학의 행로

고전적 세계관을 구성한 고전 과학은 신학은 물론이고 사회와 문화

전반에 세계를 이해하는 시스템을 제공해 주었습니다. 고전 과학이 1차원의 절대 시간과 3차원의 절대 공간에 의해서 우주를 이해하였으나 현대 과학은 4차원의 상대적 '시공간 연속체'를 전제했습니다. 고전 과학이 우주가 결정된 대상으로 생각하였으나 현대 과학은 '비결정론'을 채택하였습니다. 고전 과학은 우주를 일종의 기계로 보았으나 현대 과학은 기계론으로는 부족하다는 것을 강조합니다. 고전 과학은 사물을 더 작은 수준의 부분으로 나누어서 환원시키는 논리를 채택했지만, 현대 과학은 환원론으로는 부족하다는 것을 강조합니다. 고전 과학이 부분에서 전체로, 단순성에서 복잡성을 향하는 상향식 인과율(bottom-up causation)에 의존했다면 현대 과학은 대조적으로 하향식 인과율(top-down causation)의 중요함을 함께 고려합니다. 고전 과학에서 이가 논리학(two-valued logic)을 표준으로 삼았지만, 현대 과학은 다가 논리학(multi-valued logic)을 사용합니다. 그러므로 고전 과학에서 정의된 합리성이 현대 과학 내에서 계속 성립될 수 없는 경우도 발생합니다. 현대 과학이 보여준 새롭고도 혁명적인 모델들은 과학의 새로운 텍스트와 과학의 새로운 컨텍스트에 대하여 새로운 성찰을 하게 촉구했습니다. 현대 과학을 건설한 상대성 이론과 양자 이론의 결과가 보여준 가장 놀라운 공통적인 교훈은 바로 관찰자(observer)의 중요성, 말하자면 관찰이라는 작용에서 인간의 중요성을 재발견한 것입니다.

세계관의 혁명적 변화

상대성 이론

아인슈타인은 고전 과학에서는 변하지 않는 것으로 여기던 시간과 공간의 틀을 상대화하고, 변하지 않는 새로운 기준으로 빛의 속도를 설정했습니다. 상대성 이론에 따라 빛의 속도를 기준으로 볼 때, 시공간은 상대적으로 계산될 수 있는 것입니다. 중력장(gravitational field)을 시공간 곡률에 의해서 설명할 수 있게 되었습니다. 아인슈타인의 새로운 해석에서는 뉴턴의 사과의 낙하 운동이 지구의 질량으로 유발된 시공간의 휘어짐에 대한 사과의 반응이지요.

상대성 이론은 고정불변의 시간과 공간에 대한 전제를 바꾸어 주었습니다. 물리적 대상만이 변하는 대상이 아니라 시간과 공간이 물리적 대상에 의해서 변할 수 있는 대상으로 재해석된 것입니다. 여기에서 고전적 세계관과 텍스트는 새로운 변화를 피할 수 없게 되었습니다. 또한, 상대성 이론이 증명되면서 인류에게 유일한 진리체계라고 여겨졌던 '유클리드 기하학' 외에 '비유클리드 기하학'도 물리학적 진리체계가 되었습니다.

양자 이론

양자 이론(quantum theory)은 하이젠베르크, 슈뢰딩거, 보어, 페르미, 디랙 등 탁월한 과학자들에 의해서 정립된 물리학과 수학의 이론입니다. '전체는 부분의 합 이상'이라는 유명한 명제는 바로 양자 이론에 의해 논증된 과학적 명제입니다. 양자 이론은 거시적 수준(macro level)만으로는 부족하고 미시적 수준(micro level)을 가져야 충분히 세계를 이해할 수 있음을 보여주었습니다. 다시 말하면 뉴턴과 아인슈타인의 거시적 수준의 과학 시스템과 분자 수준의 미시적 과학 시스템이 양립해야 한다는 것이지요.

양자 이론에 의해서 현대 과학은 비결정론적 과학, 비환원론적 과학, 비국소성(non-locality)의 과학을 품게 되었습니다. 달리 말하면 현대 과학의 지식은 결정론적 지식, 환원론적 지식, 국소적 지식만을 반영할 수 없게 된 것입니다. 그래서 현대 과학의 지식은 가능성의 영역을 다루는 확률론적 지식(probabilistic knowledge)으로 정의되는 것이 타당합니다. 양자 이론의 관점에서 볼 때 인식과 지식은 그 확실성을 보장할 수 없는 것입니다.

한계에 대한 과학적 깨달음

하이젠베르크의 불확정성 원리

상대성 이론과 양자 이론은 과학이 이룰 가능성을 잘 보여주었으나 동시에 그 한계성을 보여주었습니다. 양자 이론 내에서 우리는 전자의 위치와 운동량을 동시에 정확하게 알 수 없습니다. 말하자면 전자에 대한 공간적 정보와 시간적 정보를 정확하게 확보할 수 없다는 것이지요. 이를 하이젠베르크의 불확정성 원리(uncertainty principle, 1927)라고 부릅니다. 예를 들면 빛은 입자로서 행동할 때가 있고 파동으로서 행동할 때가 있습니다. 즉 빛은 입자처럼 움직일 수도 있고 파동처럼 움직일 수도 있다는 것입니다. 여기서 물리적 대상은 일종의 자유도(degree of freedom)를 가지는 존재로 해석되어야 합니다.

이렇게 양자 이론은 인식의 한계를 보여주었을 뿐만 아니라 고전 수학의 언어와 도구의 한계를 보여주었습니다. 일반 상대성 이론에서는 유일한 기하학으로 전제되던 유클리드 기하학의 한계를 보여주면서 리만 기하학(Riemann geometry)의 필요성이 증명되었습니다. 이와 마찬가지로 양자 이론은 중첩(superposition)을 다루기 위해서 표준 논리학의 한계를 보여주고 비표준 논리학의 필요성이 증명되었습니다. 왜냐하면, 양자 논리학은 세 가지의 논리값을 가지는 논리(three-valued logic)이며 배분법칙이 성립하지 않는 논리(non-distributive logic)이기 때문입니다.

괴델의 불완전성 정리

수학은 과학의 언어입니다. 과학의 언어로서의 수학은 논리적 시스템으로 구성되어 있습니다. 그리고 수학에는 언어학의 통사론과 의미론에 각각 해당하는 '증명론'과 '모델론'이 있습니다.

수학이라는 시스템의 토대가 흔들림이 없이 건실하다는 것을 보이기 위해서는 증명론과 모델론의 결과가 서로 통해야 합니다. 예를 들어 증명된 명제는 참이어야 하고 참인 명제는 증명이 되어야 합니다. 여기서 어떤 시스템이 참의 값을 가진 명제를 증명할 때 그 시스템을 완전성을 가진 시스템이라고 합니다. 수학 내의 어떤 모순이 없는 이론 시스템이 완전하다면 그 이론 시스템 내에서 참의 값을 가지는 명제는 반드시 증명되어야 한다는 것이지요. 그러나 모순이 없는 시스템 내에서 참의 값을 가지는 명제가 증명될 수 없다면 그 시스템은 불완전한 시스템이라고 해야 합니다. 따라서 우리가 알고 있는 수학은 마땅히 완전한 시스템이어야 합니다.

그러나 괴델은 어떤 형식 시스템에 모순이 없을 때 그 시스템 내에서 증명할 수도 없고 동시에 반증할 수도 없는 참의 값을 가진 명제가 존재함, 달리 말하면 모순이 없는 그 시스템은 불완전함을 증명했습니다. 말하자면 괴델에 의해서 현대 수학에서 사용하고 있는 대표적 형식 시스템이 불완전하다고 증명된 것입니다. 이를 괴델의 제1 불완전성 정리(first incompleteness theorem, 1931)라고 부릅니다. 괴델의 불완전성 정리에 의하면 모순이 없는 시스템 내에서 참의 값을 가지고 있지만 증명될 수 없는 명제가 존재함이 증명되었습니다. 더 나아가 괴델의 제2 불완전성 정리(second incompleteness theorem, 1931)는 수학의 어떤 이론 시스템이 모순이 없는 형식 시스템이라고 전제할 때, 그 이론 시스템은 그 자체의 모순이 없다는 것을 증명할 수 없다는 것을 보여주었습니다. 그러므로 괴델은 증명론과 모델론이 일치하는 것이 아님을 우리에게 알려준 것이지요. 왜냐하면, 진리의 세계가 증명의 세계보다 크다는 것을 증명했기 때문입니다.

새로운 인간으로서의 트랜스휴먼

20세기 컴퓨터의 개발과 인터넷의 발달은 인류에게 역사상 경험해 보지 못했던 새로운 환경을 제공했습니다. 이른바 '사이버공간'으로 불리는 인공적 환경은 점점 더 인류의 사회와 문화에 중대한 영향을 조절하는 필수적 변수로 여겨지고 있습니다. 인류는 단지 자연환경이 아니라 그 전례가 없었던 새로운 인공 환경, 이른바 메타버스(metaverse) 속에서 살아가게 되었습니다. 이러한 새로운 문명 변화를 가능하게 만든 현재의 과학기술은 정보과학기술(Info), 나노과학기술(Nano), 생명과학기술(Bio), 인지과학기술(Cogno)로 요약될 수 있습니다. 미래의 과학은 이러한 현대과학기술을 축으로 형성되는 거대 융합과학기술로 변환될 것입니다.

현대 과학에서 인간은 (1)생물학적 존재, (2)문화적 존재, (3)과학기술적 존재로 이해될 수 있습니다. (1)은 주어진 자연환경으로부터 창발된 호모 사피엔스가 생물학적 존재이고, (2)는 호모 사피엔스가 언어적 인간(*homo loquens*), 종교적 인간(*homo religiosus*), 과학적 인간(*homo scientificus*)로 진화된 존재이며, (3)은 스스로 만들어 낸 인공적 환경으로부터 진화하는 테크노 사피엔스(*techno sapiens*)입니다. 새로운 인간으로서의 테크노 사피엔스는 자연 선택의 틀로는 설명되기 어렵습니다. 오히려 인공적 환경으로부터의 인공 선택이라는 점에서 다윈의 고전적 자연 선택 이론을 넘어서는 새로운 진화론이 필요합니다.

현대 신학의 눈으로 보는 과학 신학의 행로

'과학자'(scientist)라는 어휘가 처음 공식 지면에 등장한 때가 1834년 3월이었습니다. 영국의 빅토리아 시대에 발간되었던 *Quarterly Review*에서 나타났는데, 이미 1833년부터 영국의 자연 신학자였던 윌리엄 휴웰(William Whewell)이 사용했다고 보기도 합니다.

그렇다면 그 이전 시대의 사람들은 과학에 종사하던 사람들을 무엇이라고 불렀을까요? '자연 철학자' 혹은 '자연 신학자'라고 불렀습니다. 즉 자연을 연구하는 철학자이자 신학자라고 생각했던 것입니다. 예를 들면 역사상 가장 위대한 과학자로 손꼽히는 뉴턴(Isaac Newton)도 그의 시대에는 자연 신학자로 불렸지요. 과학자라는 용어가 없으니 과학자로 불릴 수가 없었던 것입니다. 이제 현대 과학을 겸비한 현대 신학자가 자연에 관한 연구를 수행할 때, 그러한 메타 신학을 두고 과학 신학이라고 불러야 합니다.

우주를 다루는 메타 신학

과학 신학은 우주의 차원에서 신과 인간의 관계를 새롭게 해석하고 신과 인간의 상호작용을 새롭게 해석해야 합니다. 자연 혹은 우주를 배제한 신학은 메타 신학이 아니며 신학의 제한을 강화할 뿐입니다. 미래의 신학은 신과 인간과 우주의 관계와 그 상호작용을 이해하는 과학 신학이 되어야 합니다.

2020년 노벨 물리학상 수상자인 로저 펜로즈(Roger Penrose) 는 인간의 고유한 영역이라고 생각되던 '의식'(consciousness)과 관련된 문제들까지도 양자 우주적 차원에서 접근하고 있습니다(*Road to Reality*). 여기서는 기존의 '정신과 물질'이라는 이분법적 구도를 넘어서서 우주적 차원에서의 전일적 연구(holistic approach)를 시도합니다. 정신과 물질은 모두 우주 내에 포함되어 있고 우주의 기원으로부터 모든 사건과 연결되어 있으므로 전일적 연구를 해야 한다는 것입니다. 말하자면 빅뱅 이후 물리적, 화학적, 생물학적 사건 등을 포함하여 우주 내에서의 미세 조정된 사건들과 그 상호작용은 인간의 의식이 창발되는 전제이자 조건으로 해석될 수 있습니다.

신이 우주 내에서 인간 의식의 창발을 허락하지 않았다면 의식 이후에 성립되었던 과학 신학 그 자체도 성립될 수 없습니다. 여기서 과학 신학은 우주의 규모와 우주적 차원을 연결하여 신학적 주제를 해석해야 합니다. 이 과정에서 현대 과학 연구의 결과를 겸허히 경청할 필요가 있습니다. 마찬가지로 과학 신학은 신과 인간과 자연의 관계를 새로운 차원에서 성찰하는 메타 신학으로 나아갈 필요가 있지요. 이 과정에서 과학 신학은 과학적 연구의 결과가 가질 수 있는 한계를 다차원적으로 성찰하고 대화할 수 있어야 합니다. 과학을 넘어 메타 과학의 기능을 사명으로 삼는 과학 신학이 되어야 합니다.

한계를 다루는 메타 신학

과학 신학은 충분히 과학자들의 자기성찰 과정에 참여하고 도움을 줄 수 있습니다. 여기서 과학자들의 자기성찰은 과학이 가지는 한계를 포함합니다. 신학과 과학은 그 출발에서 일정한 고유 전제, 말하자면 공리(axiom)를 가지고 시작합니다. 공리가 없는 신학과 과학은 없습니다. 과학자들은 자신들이 전제하고 있는 공리, 더 나아가 진리라고 여기는 공리에 대하여 치열하게 숙고하고 있습니다. 왜냐하면, 이 기초가 흔들리면, 그 위에서 쌓았던 과학의 금자탑이 흔들리거나 무너질 수도 있기 때문입니다.

20세기의 상대성 이론과 양자 이론은 바로 고전적 공리가 가지는 한계를 입증하였기 때문에 과학의 새로운 업적으로 인정받아야 합니다. 물리학을 이해하는 차원이 달라졌지요. 상대성 이론이 우주를 이해하는 '절대 시간'과 '절대 공간'이라는 공리의 한계를 넘어 '시공간 연속체'라는 공리를 전제하도록 변화시켰고 양자 이론은 '불확정성의 원리'를 통하여 미시 세계 내에서 시간에 대한 절대 정보(예를 들어 전자의 운동량)와 공간에 대한 절대 정보(예를 들어 전자의 위치)를 동시에 알 수 없다는 인식론적 한계를 보여주었습니다. 수학의 분야에서 괴델은 '불완전성 정리'를 통하여 증명할 수 없는 진리 명제가 존재한다는 것을 새롭게 증명했고, 모순이 없는 형식 시스템이 그 자체의 무모순성을 증명할 수 없다는 한계를 새롭게 증명했습니다. 수학을 이해하는 차원이 달라졌지요. 새로운 깨달음이었습니다.

고전 신학이 신의 존재와 신의 활동을 입증하고자 노력했지만, 현대의 과학 신학은 신의 존재를 공리로 전제하고 신학 언어와 인지가 가지는 한계를 전제하며 신과 인간과 자연의 관계에 관한 의미를 해석하고자 노력합니다. 현대의 과학이 인간과 자연의 상호작용을 관찰하고 해석하는 데 집중하게 되었다면 현대 과학 신학은 과학이 가지고 있지 않은 신이라는 전제를 가지고 인간과 자연과 신의 상호작용을 관찰하고 해석하는 데 집중하게 되었습니다. 여기서 과학 신학은 과학 전체를 보며 그 한계를 성찰하는 메타 학문으로 전개되어야 합니다. 동시에 과학 신학은 신학 자체의 한계를 내재적으로 성찰하는 메타 학문으로 발전되어야 합니다. 특히 과학 신학은 무한성과 유한성의 주제 사이에서, 그 어느 학문보다도 한계 문제와 그 한계를 넘어서는 문제에 숙고하고 새롭게 해석하는 일에 공헌하는 메타 신학이 되어야 합니다.

트랜스휴먼을 다루는 메타 신학

테크노 사피엔스는 호모 사피엔스가 가지는 다양한 한계를 넘어서려는 과학기술적 시도가 총집결된 결과를 반영합니다. 이것은 단지 휴머니즘과 포스트휴머니즘을 구분하는 것만으로는 충분히 설명될 수 없습니다. 왜냐하면, 트랜스휴먼은 포스트휴머니즘으로부터 포스트휴머니즘을 넘어서는 영역(beyond posthumanism)으로의 변환이기 때문입니다. 이러한 변환을 트랜스휴머니즘(transhumanism)이라고 정의합니다. 그렇다면 새로운 인간 트랜스휴먼은 호모 사피엔스로 규정되기 어려우며 호모 트랜센덴탈리스(*homo transcendentalis*)로 이해되어야 합니다. 여기서 호모 사피엔스와 테크노 사피엔스의 구분이 불가능해지는 상태를 '과학기술적 특이점(technical singularity)'이라고 정의합니다. 현재의 인간은 이런 특이점에 가까이 다가가고 있습니다. 머지않아 특이점이 실현되는 순간이 오면 인간의 정체성과 자의식 등에 대한 해석은 전적으로 새롭게 변경될 수밖에 없습니다. 그래서 과학 신학은 트랜스휴머니즘을 이해하고 호모 사이엔티피쿠스(과학적 인간)와 호모 렐리기오수스(종교적 인간)를 넘어서는 호모 트랜센덴탈리스를 새롭게 해석할 준비를 해야 합니다.

메타 학문으로서의 과학 신학을 향하여

역사학자 토인비(A. Toynbee)는 인간의 역사를 보는 6차원 시각이 필요함을 제시한 바 있었습니다(*A Study of History*). 여기서 6차원이란 시공간 4차원(물리학적 차원), 생명의 차원(생물학적 차원), 그리고 영의 차원(신학적 차원)을 결합하여 말한 것이었습니다. 예를 들어 초끈 이론(superstring theory)에 의한 우주론이 성립되면, 과학 신학은 10차원 이상의 시공간을 창조한 신을 고백해야 하고 동시에 10차원 이상의 새로운 생각의 틀을 준비해야 합니다.

인간에 대한 과학 신학의 이해에도 새로운 인지구조가 불가피합니다. 왜냐하면, 현재의 인간은 이미 트랜스휴먼에 진입했기 때문입니다. 트랜스휴먼으로서의 인간은 이미 인간이 만든 각양각색의 인공적 환경 속에 살고 있습니다. 더 나아가 트랜스휴먼에게는 자연 선택이 아니라 인공 선택에 의한 과학기술적 새로운 존재로서의 변화, 다시 말하면 새로운 차원의 진화가 기다리고 있는 것입니다.

매우 근본적인 변화가 발생하고 있는 컨텍스트 속에서 과학 신학은 새로운 텍스트와 새로운 컨텍스트를 고려하는 최적화된 해석학적 사명을 가져야 합니다. 이러한 해석작업에는 과학기술에 의해 급변하는 인간과 사회와 문화와 관련된 사안들이 최대한 충분하게 해석의 대상으로 포함될 수 있어야 하며, 우주와 자연의 질서와 관련된 새로운 과학적 인지구조도 최대한 충분하게 해석의 대상으로 포함될 수 있어야 합니다. 이제 과학 신학은 더욱 높은 학제적 수준을 확보하고, 새로운 텍스트와 새로운 컨텍스트 사이의 관계를 겸손하게 고찰하며, 신과 인간과 자연의 상호작용을 면밀히 관찰하여, 그 결과의 의미를 입체적으로 해석하고 장래를 통찰하는 메타 학문으로 전개되어야 합니다.

주 석

1 바울이 사용하는 용어에서 모르페는 몸(*soma*)을 포함하는 개념이다(고린도전서15:40-42, 빌립보서 3:21).

2 요한복음에서 예수와 신의 일치 관계는 일(5:17), 공경의 대상(5:23), 판단(8:16), 인식의 대상(8:19), 영접의 대상(13:20), 믿음의 대상(14:1), 시각적 대상(14:9), 미워함의 대상(15:23), 창세 전 영광의 소유(17:5), 소유(17:10)에 관하여 다양하게 적용되고 있다.

3 모든 집합 x,y,z에 대하여, $(z \in x \leftrightarrow z \in y)) \rightarrow x = y)$이 성립함을 외연성 공리라고 한다. 두 집합이 같은 원소를 포함하고 있으면 두 집합은 같은 집합임을 보장하는 공리이다.

4 $|A| \leq |B|$라는 것은 집합 A에서 집합 B로의 일대일 함수가 존재함을 의미하며, 집합 A의 기수는 집합 B의 기수보다 작거나 같음을 표시한다.

5 $|A| = |B|$라는 것은 두 집합의 기수가 같음을 표시하며, 일대일 대응 함수(1-1 onto)가 존재함을 의미한다.

6 모든 집합 x에 대하여 $(x \in y \leftrightarrow \varphi(x))$를 만족하는 집합 y가 존재함을 내포공리라고 한다. 여기서 $\varphi(x)$는 x가 속성 φ를 만족함을 의미하는 논리식이다.

7 마태복음서와 공관복음서 내에 평행 본문이 있는 경우, 마태는 LXX의 본문에 충실하게 구약을 인용했다고 볼 수 있다.

8 M. Hoskin,"The Star of Bethlehem", Journal for the History of Astronomy 33 (2002), 388; D. Hughes, "The Star of Bethlehem," Journal for the History of Astronomy 33 (2002), 389; J. Birdsall, "The Star of Bethlehem", Journal for the History of Astronomy 33 (2002), 391; A. Adair, "A Critical Look at the History of Interpreting the Star of

Bethlehem in Scientific Literature and Biblical Studies", *The Star of Bethlehem and the Magi: Interdisciplinary Perspectives from Experts on the Ancient Near East, the Greco-Roman World, and Modern Astronomy* (Leiden: Brill, 2015), 62; S. Heilen, "The Star of Bethlehem and Greco-Roman Astrology, Especially Astrological Geography", *The Star of Bethlehem and the Magi: Interdisciplinary Perspectives from Experts on the Ancient Near East, the Greco-Roman World, and Modern Astronomy*, 345; M. Molnar, *The Star of Bethlehem: The Legacy of the Magi* (New Brunswick: Rutgers University Press, 1999), 87-89; M. Kidger, *The Star of Bethlehem: An Astronomer's View* (Princeton: Princeton University Press, 1999), 25-26.

9 D. Hughes, "Astronomical Thoughts on the Star of Bethlehem", *The Star of Bethlehem and the Magi: Interdisciplinary Perspectives from Experts on the Ancient Near East, the Greco-Roman World, and Modern Astronomy*, 114.

10 논의의 중심이 되는 '프로에겐'은 동사 '프로아고'의 미완료 능동태로 사용되었다. '프로아고'는 '프로'(앞에, 먼저)와 '아고'(가다)가 합성된 형태이다.

11 동사는 '스테리조(*sterizo*)'인데 이 동사는 한 장소에 고정시킨다는 의미로 사용되기도 하였다.

12 '에파노'는 부사보다는 마태의 의도대로 아이가 있는 장소와 별의 위치를 연결하는 전치사로 보는 것이 타당하다. 천문학 문헌에서는 부사로 해석해도 충분하다. 마태는 별과 장소 사이의 간격이나 거리에 대하여는 어떠한 정보도 제공하지 않고 있지만, 마태의 언어는 수직의 방향으로 위를 지시하는 것이 분명하다.

13 '법칙'으로 번역한 라틴어 라티오네스(*rationes*)는 그리스어 로고스(*logos*)에 해당한다.

14 여기서 '창발'(emergence)이란 진화의 단계에서 새로운 존재와 새로운 속성이 나타나는 것을 의미한다. 창발은 기계적 방식과 환원적 방식의 한계를 넘어서는 영역을 설명하기 위한 논리적 개념이다.

15 자유성은 현대 과학에서 주목하는 발연성(contingency), 자유도(degree of freedom), 비결정성(indeterminacy), 복잡성(complexity) 등이 주제와 연관성이 있다.

16 현재를 기준으로 볼 때, α는 145억 년 전의 시점에 해당된다.

17 "주님은 모든 것을 잘 재고, 헤아리고, 달아서 처리하셨다." (공동번역 개정판 1999)

18 아우구스티누스에게 형상(*forma*)은 실재로서의 형상이다.

19 *in tantum illis est esse in quantum numerosa esse*

20 다윈의 『종의 기원』에서 '진화'라는 용어가 처음 등장한 것은 1873년 판이다.

21 라틴어 에볼베레(*evolvere*)로부터 유래된 진화(evolution)란 용어의 의미 속에는 '드러내다' '완전히 열다' '책을 펼치다'가 포함되어 있다. 1670년 곤충의 성장에서 관찰되는 변화를 묘사할 때 처음 생물학적 용도로 사용되었다.

22 시간의 변화에 따른 상태의 변화를 다루는 논리는 동적 시스템(dynamic system)에 관한 수학적 연구와 동등하다.

23 아우구스티누스는 창세기의 창조 이야기에 대하여 깊은 관심을 가지고 다음과 같은 주석을 남겼다. 『창세기에 관하여 : 마니교에 대한 반론(*De Genesis contra Manichaeos* 388-389)』, 『창세기에 관하여: 미완성 주석(*De Genesi ad litteram imperfectus* 393-395)』. 이 글에서 다루는 주석은 최종적으로 완성된 창세기 주석(*De Genesi ad litteram* 401-415)이다.

24 아우구스티누스에 의하면 완전수 6은 다음의 두 조건을 만족한다. (1) $1+2+3=6$, (2) $1\times2\times3=6$. 여기에서 1,2,3은 6의 약수(divisors)이다. (1)은 1,2,3이 더해지는 경우를 보여준다(*De civitate Dei* 11.30). (2)는 1,2,3이 곱해지는 경우를 보여준다.

25 아우구스티누스는 시간의 존재를 긍정하지만, 시간에 대한 설명은 부정한다.

26 아우구스티누스 시대에 수학(*mathemata*)이란 말은 후대의 수학이란 용어의 기원이 된다. 아우구스티누스 시대의 수학이란 '배워야 할 것'을 의미하는 '보편적이고 통일적인 의미로서의 학문'이라는 개념으로 사용되었다.

27 수학의 4교과는 사모스의 피타고라스(Pythagoras 585-500 B.C.)로부터 유래된 학문과 교육의 시스템으로 볼 수 있다.

28 안셀무스는 『프로슬로기온』에서 '큰'(*maius*)과 '좋은'(*melis*)을 같은 의미로 사용한다.

29 여기에서 인지 공간은 인지 상태(states)들의 집합과 인지 함수(mappings)로 구성되는 시스템을 의미한다.

30 안셀무스는 "*id quo nihil maius cogitari possit*" 라는 표현을 동등하게 사용한다.

31 여기에서 순서집합은 공집합 $\varnothing$이 아니어야 하며, 관계 $\leq$는 반사적 법칙(reflexive law), 반대칭적 법칙(antisymmetry law), 추이적 법칙(transitive law)을 만족한다. 순서집합이 일정 조건을 갖추면 반순서집합(partially ordered set)과 전순서집합(totally ordered set)으로 정의될 수 있다.

32 선택 공리란 공집합 $\varnothing$ 이 아닌 임의의 집합 X에 대하여 선택함수 $f : \wp(X) \rightarrow X$가 존재해서 모든 부분집합 $A \subseteq X$에 대해서 $f(A) \in A$가 성립함을 보장하는 공리이다. 단 여기에서 정의역(domain) $\wp(X)$는 공집합 $\varnothing$ 이 아니며 동시에 공집합 $\varnothing$ 을 포함하지 않는 조건을 만족해야 한다.

33 수성은 모두 7개의 원을 사용해 움직이고, 금성은 5개의 원, 지구는 3개의 원, 지구의 둘레를 회전하는 달은 4개의 원, 화성, 목성, 토성은 각각 5개의 원이 있으면 설명될 수 있다. 그러므로 모두 34개의 원을 사용해서 전체 우주의 구조와 모든 행성의 움직임을 설명할 수 있었다.

34 기원전 6세기의 피타고라스와 기원전 3세기 피타고라스 학파의 아리스타코스(Aristarchos)는 태양이 우주의 중심이며 지구가 운동한다는 주장을 했다.

35 이 기록은 루터의 『식탁 담화』(Tischreden, 1566)에 포함되었다.

36 코스모스에 대한 정의는 피타고라스에 의해서 시작되었다.

37 타원은 평면 위의 두 고정된 점으로부터의 거리의 합이 일정한 점들의 집합으로 정의된다.

38 태양과 행성 사이의 직선 반경 벡터는 같은 시간 동안 같은 면적을 덮을 수 있다는 것이다.

39 $F = G\frac{m_1 m_2}{d^2}$ (G는 만유인력 상수이고 d는 두 물체 사이의 거리)

40 미적분을 발견한 공로는 뉴턴과 라이프니츠에게 함께 돌아가는 것이 마땅하다.

41 뉴턴은 이른바 아타나시우스의 삼위일체 교리를 받아들이지 않아 비판을 받았는데, 뉴턴이 수용하지 않았던 이유는 성서 내에 그 교리가 없다는 이유 때문이었다. 그는 교부들의 작품을 대부분 섭렵했으며, 신학과 그리스도교의 역사를 철저히 연구했다.

42 뉴턴의 공격자였던 로버트 후크(Robert Hooke)에게 보낸 1676년 2월 5일자 편지에서 쓴 글이다. 후크는 뉴턴의 활동하던 당시 영국왕립학회의 실험감독관이었고 뉴턴의 연구결과를 공격했었다. 이 때 뉴턴은 빛의 입자(particle) 가설을 주장했었다.

43 Nature and nature's laws lay hid in night; God said "Let Newton be" and all was light.

44 1886년 2월 28일자 편지에서 인용했다. 이 편지는 베를린의 의학박사 오일렌부르크(A. Eulenburg) 교수에게 쓴 것이다. G. Cantor, "Mitteilungen zur Lehre vom Transfiniten V," *Gesammelte Abhandlungen mathematischen und philosophischen Inhalts*, E. Zermelo (ed.) (Berlin: Springer-

Verlag, 1932/2013), 401.

45 *Multitudinem actu infinitam dari, impossibile est, qui omnem multitudinem opertet esse in aliqua specie multitudinis. Species autem multitudinis sunt ecundum species numerorum. Nulla autem species numeri est infinita, quia quilibet numerurs est multitudo mensurat per unum. Unde impossibile est esse multitudinem infinitam actu; sive per se, sive per accidens.*

46 *Item omnis multitudo in rerum natur existens est creata; et omne creatum sub aliqua certa intentione creantis comprehenditur, non enim in vanum agens aliquod operatur. Unde necesse est quod sub certo umero omnia creata comprehendantur. Impossibile est erge esse multitudinem infinitam in actu, etiam per accidens.*

47 *Ita vero suis quisque numerus proprietatibus terminatur, ut nullus eorum par esse cuicumque alteri possit. Ergo et dispares inter se atque diversi sunt, et singuli quique finiti sunt, et omnes infiniti sunt.*

48 *cuius intelligentiae [absolutae] non est numerus.*

49 *quaecumque nova et dissimilia consequentia praecedentibus si semper facere vellet, inordinata et inprovisa habere non posset, nec ea provideret ex proximo tempore, se aeterna praescientia contineret.*

50 반영 원리(Reflection Principle)는 다음과 같이 정의될 수 있다. $\psi(x_1, ..., x_n)$을 논리식이라고 하자. 각 모델 M_0에 대하여, 다음을 만족하는 집합 $M_0 \subseteq M$ 이 존재한다. 모든 $x_1, ..., x_n$에 대하여, $M \vDash \psi(x_1, ..., x_n) \Leftrightarrow \psi(x_1, ..., x_n)$. 여기에서 선택 공리(Axiom of Choice)를 사용하면, M이 ψ를 반영하고, $|M| \leq \max(|M_0|, \aleph_0)$를 만족하는 $M_0 \subseteq M$ 이 존재한다. 이때 ψ를 반영하는 M은 가산의 무한 집합이 될 수 있다.

51 여기에서 교황 회칙 '영원한 아버지'란 제목이 아니라 시작하는 첫 문장을 가지고 제목처럼 부르는 것이다. 이 교황 회칙은 중세 스콜라 신학자이자 철학자인 토마스 아퀴나스의 신학의 입지를 강화하기 위한 것이 목적이었으며, 이후 토마스주의(Thomism)는 공식적으로 로마 가톨릭 교회의 중심적이고 지배적인 신학과 철학의 위상을 가지게 되었다.

52 1861년 교황 피우스 IX (Pius IX)에 의해서 범신론은 공식적으로 이단으로 정죄되었다.

53 *natura naturans*는 능산적 자연으로 번역되고, *natura naturata*는 소산적 자연으로 번역되기도 한다. *natura naturans*는 스피노자에 의해 범신론의 의미로 사용되기도 하였다.

54 중세 신학은 그리스 형이상학의 전통과 유대-그리스도교 신학의 전통을 존재의 개념으로 종합하려고 시도한 체계이다. 여기에서 신은 존재로 이해되고 전제되었다. 따라서 다신론과 일신론을 존재의 논리로 통합해야 하는 과제가 생성될 수밖에 없었다.

55 다음 논리식에서 괴델은 명제 함수에 해당하는 φ를 논리식의 변수로 사용하고 있는데 이것은 수리논리학의 2계 언어(2nd order language)를 사용하는 것이다. 달리 말하면 괴델은 고계 논리(higher order logic)를 사용하고 있다는 뜻이다.

56 양상논리 시스템 S_4는 1계논리시스템(First Order Logic)에 다음의 세 가지 공리 $Np\rightarrow p, N(p\rightarrow q)\rightarrow(Np\rightarrow Nq)$, $Np\rightarrow NNp$를 추가하고 $p\rightarrow Np$ 규칙을 추가한 양상논리 시스템으로 정의된다.

57 여기서 현대 수학의 중요한 도구인 '필터(filter)가 형성될 수 있다. 필터는 다음과 같이 정의된다. 공집합이 아닌 집합 F가 집합 X의 모든 부분집합의 집합 (멱집합power set을 의미)의 부분집합이고, 모든 $A,B\subseteq X$에 대하여 다음 조건을 만족할 때, 집합 X위에서의 필터 F라고 한다. (1) $(A\in F)\wedge(A\subseteq B)\rightarrow(B\in F)$, (2) $(A,B\in F)\rightarrow(A\cap B\in F)$, (3) $\varnothing\not\in F$.

58 제2공리에 의해서는 극대 필터 혹은 울트라필터(ultrafilter)가 성립된다. U가 집합 X위에서의 필터이고, 모든$A\subseteq X$에 대하여$(A\in U)\vee(A\not\in U)$를 만족할 때, 필터U를 극대 필터라고 한다.

59 필연성에 관하여 긍정 속성은 극대 필터의 조건을 충족한다. 괴델의 긍정 속성은 수학적으로는 극대 필터의 의미를 지닌다.

60 $p\rightarrow Np$ 명제 p로부터 Np를 추론한다는 규칙.

61 $N(p\rightarrow q)\rightarrow(Np\rightarrow Nq)$

추천 도서

과학 신학의 주제들을 더 깊이 살펴보기 원하는 독자에게 다음의 도서들을 추천합니다.

Barbour, I. *Religion and Science: Historical and Contemporary Issues.* Harper-Collins, 1997.

Barbour, I. *When Science Meets Religion.* HarperSanFrancisco, 2000. (『과학이 종교를 만날 때』 이철우 옮김. 김영사)

Barthel P. & G. Van Kooten (eds.) *The Star of Bethlehem and the Magi: Interdisciplinary Perspectives from Experts on the Ancient Near East, the Greco-Roman World, and Modern Astronomy.* Brill, 2015.

Brooke, J. *Science and Religion: Some Historical Perspectives.* Cambridge University Press, 2014.

Brown, W., N. Murphy and N. Malony (eds.) *Whatever Happend to the Soul? Scientific and Theological Portraits of Human Nature.* Fortress Press, 1998.

Clayton, P. & P. Davies (eds.) *The Re-Emergence of Emergence: The Emergentist Hypothesis from Science to Religion.* Oxford University Press, 2006.

Collins, F. *The Language of God: A Scientist Presents Evidence for Belief. Free Press, 2006.* (『신의 언어』 이창신 옮김. 김영사)

Cushing, J. *Philosophical Concepts in Physics: The Historical Relation between Philosophy and Scientific Theories.* Cambridge University Press, 1998.

Dawson Jr., J. *Logical Dilemmas: The Life and Work of Kurt Gödel.* A K Peters, 1997. (『논리적 딜레마: 쿠르트 괴델의 생애와 업적』 김병한·박창균·현우식 옮김. 경문사)

Dennett, D. & A. Plantinga. *Science and Religion: Are They Compatile?* Oxford University Press, 2011. (『과학과 종교, 양립할 수 있는가』 이화여자대학교 출판부)

Dixson, T. *Science and Religion: A Very Short Introduction.* Oxford University Press, 2008. (『과학과 종교』 김명주 옮김. 교유서가)

Drees, W. *Religion and Science in Context.* Routledge, 2009.

Dyson, F. Disturbing the Universe. Haper & Row, 1979. (『프리먼 다이슨 20세기를 말하다: 과학자의 눈으로 본 인간, 역사, 우주 그리고 신』 김희봉 옮김. 사이언스북스)

Dyson, F. *Infinite In All Directions.* Harper & Row, 1988.

Einstein, A. "Religion and Science." *Einstein on Cosmic Religion and Other Opinions and Aphorisms.* Dover Publications, 2009, 43-54.

Ewald, W. (ed.) *From Kant to Hilbert: A Source Book in the Foundations of Mathematics.* Oxford University Press, 1996.

Ferngren, G. *Science and Religion: A Historical Introduction.* Johns Hopkins University Press, 2002.

Feynman, R. "The Relation of Science and Religion," *The Pleasure of Finding Things Out.* Perseus Publishing

Company, 1999, 245-257.
Gingerich, O. *God's Universe.* Harvard University Press, 2006.
Gingerich, O. *The Book Nobody Read: Chasing the Revolutions of Nicolaus Copernicus.* Arrow, 2005. (『아무도 읽지 않은 책』 장석봉 옮김. 지식의 숲)
Goldstein, A. & K. Paffenroth (eds.) *Augustine and Science.* Doody, Lexington Books, 2013.
Gould, S. *Rocks of Ages: Science and Religion in the Fullness of Life.* Ballantine Books, 1999.
Harper Jr, C. (ed.) *Spiritual Information: 100 Perspectives on Science and Religion.* Templeton Foundation Press, 2005.
Harrison, P. *The Territories of Science and Religion.* Chicago University Press, 2015.
Harrison, P. *The Bible, Protestantism, and the Rise of Natural Science.* Cambridge University Press, 1998.
Haught, J. *Science and Religion.* Paulist Press, 1995. (『과학과 종교, 상생의 길을 가다』 구자현 옮김. 코기토)
Haught, J. *God after Darwin: A Theology of Evolution.* Westview Press, 2000. (『다윈 이후의 하느님』 박만 옮김. 한국기독교문화연구소)
Haught, J. *Responses to 101 Questions on God and Evolution.* Paulist Press, 2001. (『신과 진화에 관한 101가지 질문』 신재식 옮김. 지성사)
Hawking, S. & L. Mlodinow, *The Grand Design.* Bantam Books, 2010. (『위대한 설계』 전대호 옮김. 까치)
Heller, M. and W. Woodin (eds.) *Infinity: New Search Frontiers.* Cambridge University Press, 2011.
Koetsier, T. & L Bergmans (eds.) *Mathematics and the Divine:*

A Historical Study. Elsevier, 2005.

Küng, H. *Der Anfnag aller Dinge Naturwissenschaft und Religion.* Piper Verlag, 2005.(『한스 큉 과학을 말하다』 서명옥 옮김. 분도출판사)

Lindberg, D. & R. Numbers (eds.) *God and Nature: Historical Essays on the Encounter between Christianity and Science.* University of California Press, 1986. (『신과 자연: 기독교와 과학 그 만남의 역사』 이정배·박우석 옮김. 이화여자대학교 출판부)

Lindberg, D. & R. Numbers (eds.) *When Science and Christianity Meet.* The University of Chicago Press, 2003.

McFague, S. *Metaphorical Theology: Models of God in Religious Language.* Fortress Press, 1982. (『은유 신학』 정애성 옮김. 다산글방)

McGrath, A. *A Fine-Tuned Universe: The Quest for God in Science and Theology: The 2009 Gifford Lectures.* Westminster John Knox Press, 2009. (『정교하게 조율된 우주』 박규태 옮김. IVP)

McGrath, A. *Darwinism and the Divine: Evolutionary Thought and Natural Theology.* Blackwell, 2011.

McGrath, A. *Dawkins' God: Genes, Memes, and the Meaning of Life.* Blackwell, 2005. (『도킨스의 신』 김태완 옮김, SFC)

McGrath, A. *Science and Religion: An Introduction.* Blackwell Publishing, 1999. (『과학과 종교: 충돌과 조화』 정성희·김주현 옮김. 린)

McGrath, A. *Science of God.* Wm. B. Eerdmans, 2004. (『과학 신학: 자연과학과 신학의 대화』 박세혁 옮김. IVP)

McGrath, A. *Surprised by Meaning: Science, Faith, and How*

We Make Sense of Things. Westminster John Knox Press, 2011. (『우주의 의미를 찾아서』 박규태 옮김. 새물결플러스)

McGrath, A. *The Open Secret: A New Vision for Natural Theology.* Blackwell, 2008.

McGrath, A. *The Order of Things.* Blackwell, 2006. (『과학신학 탐구』 황의무 옮김. CLC)

Moltmann, J. *Science and Wisdom.* Fortress Press, 2003. (『과학과 지혜』 김균진 옮김. 대한기독교서회)

Murphy, N., R. Russell, W. Stoeger (eds.) *Physics and Cosmology: Scientific Perspectives on the Problem of Natural Evil.* Vatican Observatory, 2007.

Neugebauer, O. *A History of Ancient Mathematical Astronomy.* Springer-Verlag, 1975.

Numbers, R. (ed.) *Galileo Goes to Jail and Other Myths about Science and Religion.* Harvard University Press, 2009. (『과학과 종교는 적인가 동지인가』 김정은 옮김. 뜨인돌)

Numbers, R. *The Creationists: The Evolution of Scientific Creationism.* Knopf, 1992. (『창조론자들』 신준호 옮김. 새물결플러스).

Olson, R. *Science and Religion, 1450-1900: From Copernicus to Darwin.* The Johns Hopkins University Press, 2004.

Pannenberg, W. *Theology and the Philosophy of Science.* Westminster Press, 1976.

Pannenberg, W. *Toward a Theology of Nature: Essays on Science and Faith.* Westminster John Knox Press, 1993. (『자연 신학: 과학과 신앙에 관한 에세이』 박일준 옮김. 한국신학연구소)

Peacocke, A. *Theology for a Scientific Age: Being and Becoming:*

Nature, Divine, and Human. Basil Blackwell, 1990.
Peters, T. (ed.) *Science and Theology: The New Consonance*. Westview Press, 1998. (『과학과 종교: 새로운 공명』 김흡영·배국원·윤원철·윤철호·신재식·김윤성 옮김. 동연)
Plantinga, A. *God and Other Minds: A Study of the Rational Justification of Belief in God*. Cornell University Press, 1990.
Polkinghorne, J. & M. Welcher (eds.) *The End of the World and the Ends of God: Science and Theology on Eschatology*. Trinity Press, 2000. (『종말론에 관한 과학과 신학의 대화』 신준호 옮김. 대한기독교서회)
Polkinghorne, J. (ed.) *The Trinity and an Entangled World: Relationality in Physical Science and Theology*. Eerdmans, 2010.
Polkinghorne, J. *Belief in God in an Age of Science*. Yale University Press, 1998. (『과학시대의 신론』 이정배 옮김. 동명사)
Polkinghorne, J. *Encountering Scripture: A Scientist Explores the Bible*. SPCK, 2010. (『성서와 만나다』 손승우 옮김. 비아)
Polkinghorne, J. *Meaning in Mathematics*. Oxford University Press, 2011.
Polkinghorne, J. *Quantum Physics and Theology*. Yale University Press, 2007. (『양자물리학 그리고 기독교신학』 현우식 옮김. 연세대학교 출판문화원)
Polkinghorne, J. *Quark, Chaos, and Christianity*. Crossroad, 1995. (『쿼크, 카오스 그리고 기독교: 과학과 종교에 관한 질문들』 우종학 옮김. SFC)
Polkinghorne, J. *Science and Creation: The Search for Understanding*. SPCK, 1988.

Polkinghorne, J. *Science and Religion in Quest of Truth*. Yale University, 2012.

Polkinghorne, J. *Science and Theology*. SPCK, 1998.

Polkinghorne, J. *Theology in the Context of Science*. Yale University Press, 2009. (『과학으로 신학하기』 신익상 옮김. 모시는 사람들)

Polkinghorne, J. (ed.) *The Work of Love: Creation as Kenosis*. Wm. B. Eerdmans, 2001. (『신은 어떻게 사랑으로 세상을 만드셨는가?』 박동식 옮김. 새물결플러스)

Ruse, M. *Can a Darwinian Be a Christian? The Relationship between Science and Religion*. Cambridge University Press, 2000. (『다윈주의자가 기독교인이 될 수 있는가』 이태하 옮김. 청년정신)

Russell, B. *Religion and Science*. Oxford University Press, 1997. (『종교와 과학』 송상용 옮김. 전파과학사)

Russell, R. *Cosmology from Alpha to Omega: The Creative Mutual Interaction of Theology and Science*. Fortress Press, 2008.

Russell, R. (ed.) *Fifty Years in Science and Religion: Ian G. Barbour and His Legacy*. Ashgate, 2004.

Russell, R., N. Murphy, A Peacocke (eds.) *Chaos and Complexity: Scientific Perspectives on Divine Action*. Vatican Observatory, 1995.

Russell, R., N. Murphy, C. Isham (eds.) *Quantum Cosmology and the Laws of Nature: Scientific Perspectives on Divine Action*. Vatican Observatory, 1993.

Russell, R., N. Murphy, T. Meyering, M. Arbib (eds.) *Neuroscience and the Person: Scientific Perspectives on Divine Action*. Vatican Observatory, 1999.

Russell, R., P. Clayton, K. Wegter-McNelly, J. Polkinghorne (eds.) *Quantum Mechanics: Scientific Perspectives on Divine Action.* Vatican Observatory, 2001.

Russell, R., W. Stoeger, F. Ayala (eds.) *Evolutionary and Molecular Biology: Scientific Perspectives on Divine Action.* Vatican Observatory, 1998.

Russell, R., W. Stoeger, G. Coyne (eds.) *Physics, Philosophy, and Theology: A Common Quest for Understanding.* Vatican Observatory, 1988.

Sobel, J. *Logic and Theism: Arguments For and Against Beliefs in God.* Cambridge University Press, 2004.

Stump, E. & N. Kretzmann (eds.) *The Cambridge Companion to Augustine.* Cambridge University Press, 2001.

Stump, J. & A. Padgett (eds.) *The Blackwell Companion to Science and Christianity.* Wiley-Blackwell, 2012.

Turner, D. *Faith, Reason and the Existence of God.* Cambridge University Press, 2004.

Worthing, M. *God, Creation, and Contemporary Physics.* Fortress Press, 1996.

권오대. 『아인슈타인 하우스』 동연, 2014.

김균진. 『기독교 신학과 자연과학의 대화』 대한기독교서회, 2004.

김균진. 『자연환경에 대한 기독교 신학의 이해: 현대 자연과학과의 대화 속에서』 연세대학교 출판부, 2006.

김기석. 『신학자의 과학 산책』 새물결플러스, 2018.

김용준. 『과학과 종교 사이에서』 돌베개, 2005.

김흡영. 『현대과학과 그리스도교』 대한기독교서회, 2006.

박이문. 『과학의 도전 철학의 응전』 생각의 나무, 2006.

신재식. 『예수와 다윈의 동행』 사이언스북스, 2013.

우종학. 『과학시대의 도전과 기독교의 응답』 새물결플러스, 2017.

이정배. 『종교와 과학의 대화에 근거한 그리스도교 자연신학』 대한기독교서회, 2005.
최재천 엮음. 『과학·종교·윤리의 대화』 궁리, 2001.
한태동. 『기독교 문화사』 연세대학교 출판부, 2003.
한태동. 『사유의 흐름』 연세대학교 출판부, 2003.
현우식. 『과학으로 기독교 새로 보기』 연세대학교 출판문화원, 2006.
현우식. 『무한과 하나님: 칸토르의 수학과 신학』 연세대학교 출판문화원, 2019.
현우식. 『신의 존재에 대한 괴델의 수학적 증명』 경문사, 2013.